*Yritysten yhteiskuntavastuun taloustiede*

# Yritysten yhteiskuntavastuun taloustiede

VESA KANNIAINEN

Omistettu lastenlapsilleni Lassille, Roosalle ja Emmalle

*Talouden luottamuspääoman ja sitä kautta sosiaalisen pääoman*
*vahvistumisesta ei huolehdi julkinen valta vaan markkinoilla*
*toimivat yritykset ja kuluttajat.*

© 2015 Vesa Kanniainen
Päällys ja taitto: Books on Demand
Kustantaja: BoD – Books on Demand, Helsinki, Suomi
Valmistaja: BoD – Books on Demand, Norderstedt, Saksa

ISBN: 978-952-318-745-0

# Sisältö

# Esipuhe

Tässä julkaisussa käsiteltyjä teemoja olen työstänyt Helsingin yliopistossa pitämieni Etiikka ja talous -kurssin luentojen puitteissa 13 vuoden aikana. Vuorovaikutus eri opiskelijapolvien kanssa on ollut antoisaa, ja heille kuuluu siitä suuri kiitos. Tämän materiaalin aikaisempaa versiota ovat kommentoineet Tapio Aaltonen, Tuuli Kaskinen ja Pirjo Piepponen, mistä myös heille lämpimät kiitokset.

Helsingissä 13. lokakuuta 2015

Vesa Kanniainen
Professori
Politiikan ja talouden tutkimuksen laitos
Helsingin yliopisto

# 1. Johdanto. Yhteiskuntavastuu: normatiivisista vaatimuksista taloudelliseen analyysiin

Yritysten yhteiskuntavastuusta ja liiketoiminnan etiikasta on tullut keskeinen teema julkisessa keskustelussa ja sen johdosta myös jokapäiväisessä liiketoiminnassa. Suuri yleisö odottaa yritysten käyttävän resursseja yhteiseen hyvään, eli muuhunkin kuin voiton tekemiseen ja omistajien varallisuuden maksimointiin. Useimmiten julkisen keskustelun lähtökohta on ollut *normatiivinen*. Yrityksiltä on ts. *edellytetty* paitsi taloudellista vastuuta sidosryhmilleen myös laajempaa sosiaalista vastuuta hyvinä tekoina, sekä etenkin ympäristövastuuta.

Yritykset ovat huutoon monin tavoin jo vastanneet. Niinpä vapaaehtoisia sertifikaatteja on luotu sosiaalisille ja ympäristötaloudellisille standardeille. Yrityksissä toimii yhteiskuntavastuuhenkilöitä jne. Yritykset ovat todenneet, että maineella on vaikutusta myös kuluttajien ostopäätöksiin ja työntekijöiden halukkuuteen rekrytoitua yritysten palvelukseen.[1]

Paljon siteeratussa artikkelissaan vuodelta 1970 Milton Friedman kuitenkin rajasi yritysvastuun taloudelliseksi: *"There is one and only one social responsibility of business – to use its resources and engage in activities designed to increase its profits so long as it stays within the rules of the game, which is to say, engages in open and free competition without deception or fraud"*. Tämä kirja pureutuu tämän näkemyksen arviointiin. Tehtävä ei ole yksinkertainen, mihin viittaa kirjassa käsiteltävien näkökohtien runsaus. Kirjan loppua kohden edettäessä hyödynnetään taloustieteen hyvinvointiteoriaa Friedmanin yllä todetun näkemyksen arvioimiseksi.

---

1 Kitzmueller ja Shimshack (2012) ovat esittäneet katsauksen aihetta käsittelevästä taloustieteellisestä kirjallisuudesta. Psykologian ja taloustieteen yhtymäkohdasta sitä ovat käsitelleet Benabou ja Tirole (2010).

*Yhteiskunnan ja yritysten välisestä työnjaosta*

Klassinen näkemys yhteiskunnan ja yritysten välisestä työnjaosta on taloustieteen mukaan ollut se, että yritysten roolina on tuottaa arvonlisää ja varallisuutta ja että julkisvallan tehtävä on keskittyä muihin sosiaalisiin päämääriin.[2] Niinpä yhteiskunnan tehtäviksi on nähty haitallisten ulkoisvaikutusten (esim. ympäristöhaitat) rajoittaminen käytettävissä olevalla keinovalikoimalla, julkishyödykkeiden tuotanto ja tulonjako. *Rajalinjat ovat sittemmin hämärtyneet.* Poliittisten eturyhmien varaan rakennetun valtiovallan kyky vastata tehokkaasti sille uskottuihin tehtäviin on kyseenalaistettu. Monia julkisia hankkeita on siksi toteutettu julkisen ja yksityisen sektorin yhteistyönä.[3] Yritysten yhteiskuntavastuu puolestaan on nähtävissä *erään julkishyödykkeen* yksityiseksi tuottamiseksi. *Mikä on tämä julkishyödyke?* Se on *yhteisön sosiaalinen pääoma.* Yhteiskuntavastuu sosiaalisen pääoman luomisessa ja ylläpitämisessä tarkoittaa yritysten omistajien ohella muidenkin yhteisön jäsenten näkökohtien huomioon ottamista.[4]

*Muistikuvia "patruunoiden aikakaudesta"*

Kun Suomi aikanaan teollistui ja teollisuus rakentui muutaman suuren yhtiön varaan, puhuttiin patruunoiden aikakaudesta. Elettiin aikaa, jolloin yrityksille oli luontevaa ottaa vastuulleen työntekijöiden asumisesta, terveydenhuollosta ja vapaa-ajan

---

2  Friedmanin kannanotto edustaa juuri tätä klassista dikotomiaa. On aihetta todeta, että Friedmanin kirjoituksen aikaan 1970-luvulla esim. ympäristöongelmat eivät olleet vielä edes nousseet keskusteltavaksi.

3  Näitä yhteistyöhankkeita (*public-private partnerships*) on toteutettu etenkin tienrakennuksessa (Helsinki-Lahti moottoritie) ja terveydenhuollossa. Niinpä Suomessa julkisvallan epäonnistuminen lastensairaalan rakentamisessa on johtanut hankkeen käynnistämiseen yksityisen sektorin varainkeräyksen avulla. Yksi tulkinta tälle on, että apua tarvitsevilla pienillä lapsilla ei ole yhteiskunnassa luontaista etujärjestöä eikä hankkeelle siksi ole löytynyt budjettivaroja.

4  Englanninkieliset termit tässä yhteydessä ovat *shareholders* ja *stakeholders.*

toiminnoista huolehtiminen.[5] Pohjoismaisen hyvinvointiyhteis-
kunnan luominen sosialisoi tämän vastuun julkisvallalle. Silti
ajatus yritysten yhteiskuntavastuusta jäi elämään. Mikä tämän
selittää? Vaikka julkisvallalla on vastuu lainsäädännöstä ja sen
velvoittavuudesta huolehtimisesta, sosiaalinen pääoma yhteisössä
ja kansantaloudessa syntyy tosiasiassa aika pitkälti *julkisvallan pää-
töksistä riippumatta.* Se syntyy *endogeenisesti,* ts. yhteisön sisäisten
prosessien tuloksena, ja se määrää yhteisön sisäiset normit, niiden
vakauden ja luo niitä ylläpitävät mekanismit.

---

*Patruunoiden aikaan asiat olivat toisin.*

---

*Eettinen koodisto*

Yritysten vastaus niiltä odotetun yhteiskuntavastuun konkreti-
soimisessa näkyy esim. yritysten kotisivuilla julkaistavissa yri-
tysten arvoissa. Ne on laadittu heijastamaan yritysten eettistä
koodistoa. On tiedossa, että suuri yleisö ja yritysten tuotteiden
ostajat ovat nykyään kohtuullisen ympäristötietoisia ja odottavat
yrityksiltä vastuullista käytöstä ja ympäristönäkökohtien huo-
mioon ottamista. On tiedossa, että kuluttajien ostopäätöksiin
vaikuttaa tietoisuus siitä, miten yritys noudattaa eettistä koodis-
toaan. Kuluttajat voivat myös olla valmiita maksamaan enem-
män tuotteesta, jonka on tuottanut hyvämaineinen yritys, kuin
jos sellaisen on tuottanut huonomaineinen yritys. Reilun kau-
pan tuotteet ovat kuluttajien suosiossa.[6] Lapsityövoiman käyttöä

---

5  Tämän julkaisun Liitteestä 1. lukija löytää laulu- ja harmonikkataiteilija
   Hannu Seppäsen laulun *Waldénin aikaan,* joka sisältyy hänen levyynsä *Ajan
   virtaa.* Se kertoo tästä lähihistorian vaiheesta.
6  Näin on riippumatta siitä, että ekonomistien mukaan reilu kauppa ei loppu-
   jen lopuksi ole reilua. Se vääristää tuotantorakenteita ja sulkee pois mark-

11

paheksutaan, samoin eläinten käyttämistä kosmetiikkatuotteiden testaamisessa.

## Eräitä ekonomistien puheenvuoroja

Ekonomistit ovat perinteisesti olleet skeptisiä yhteiskuntavastuun edellyttämisestä yrityksiltä, mitä heijastaa Friedmanin (1970) lausuma. Baumolin (1991) mukaan kilpailusta johtuen yrityksille on haasteellista toimia sosiaalisesti halutulla tavalla, ts. ottaa ympäristövastuuta, kontribuoimalla sosiaalisiin ohjelmiin ja huolehtien irtisanottavista. Shleifer (2004) on niin ikään argumentoinut, että kilpailun paine heikentää yritysten eettistä koodia.[7] Taloustieteen näkökulmasta *oikea kysymys* kuitenkin on se, onko yhteiskuntavastuu tehokas, kansalaisten hyvinvointia maksimoiva oppi, ja minkälaisia kustannusrasitteita siihen mahdollisesti liittyy. Taloustieteellinen näkemys voi rakentua vain tähän kysymykseen vastaamalla. Tätä käymme arvioimaan tässä kirjassa. Koska yritysvastuu syntyy sivutuotteena yrityksen tuottaessa päätuotettaan, hyödykkeitä ja palveluita, on kysyttävä, minkälaisia kannuste- ja kustannusvaikutuksia yhteiskuntavastuuseen liittyy?[8]

*Yritysten yhteiskuntavastuu taloustieteellisin käsittein*

Ajatus yritysten yhteiskuntavastuusta on moniulotteinen. Yritysvastuuta koskevan keskustelun jäsentämiseksi ensimmäinen haaste taloustieteilijälle on sijoittaa kyseessä olevat teemat oikeaan

---

kinoilta ne tuottajat, jotka eivät ole päässeet sen piiriin.

7 Uudemmat tulokset toisaalta osoittavat muuta, ks. Bagnoli ja Watts (2003), Kanniainen ja Pietarila (2006), Besley-Ghatak (2007), Glazer, Kanniainen ja Poutvaara (2010).

8 Jos yrityksen omaksuma yhteiskuntavastuu tuottaa julkishyödykettä (joksi tarkoituksemme on tulkita yhteisön sosiaalinen pääoma), se samalla itse asiassa korjaa *julkisvallan epäonnistumisen* sen tuottamisessa. Yritysten kritiikki voi näin kääntyä markkinoiden ylistykseksi.

taloustieteelliseen viitekehikkoon ja saattaa ne näin tutkittaviksi kysymyksiksi. Teeman jäsentämisessä varsin monet taloustieteen osa-alueet tulevat hyötykäyttöön. Paikoin joudutaan käyttämään taloustieteellisiä käsitteitä, jotka kaikki eivät ole osa yleiskieltä. Liite 4 auttaa niiden avaamisessa. Ajoittain vierailen myös muiden tieteenalojen tutkimusalueilla: moraalifilosofia, evoluutiobiologia, sosiologia, psykologia. Esitän arvioita siitä, millaista sosiaalista vastuuta yrityksiltä on aihetta edellyttää, mitä mekanismeja on olemassa sosiaalisen vastuun toteutumiseksi, miten tulisi arvioida yritysten taloudellista vastuuta ja mitä taloustiede sanoo ympäristövastuusta. Kun kirjoitan *sosiaalisesta pääomasta*, nostan *luottamuspääoman* sen keskeisimmäksi sisällöksi ja analysoin sitä siksi tarkemmin. Punaisena lankana kulkee ajatus siitä, että luottamuspääomaksi ymmärretty sosiaalinen normisto ja sen myötä yritysten *eettinen koodisto* määräytyy taloudessa *endogeenisesti*, talouden sisäisten mekanismien seurauksena. Luottamuspääoma on oleellinen osa yhteisön yleisempää sosiaalista pääomaa, ja normisto näyttäytyy yhteisön *peliteoreettisena tasapainona.*[9] Koska sosiaalinen pääoma kuitenkin edustaa (yksityisesti tuotettua) *julkishyödykettä*, nousee kysymys, millä argumentilla yrityksiltä tulisi edellyttää sitoutumista sen ylläpitämiseen, ja voiko ajatus vastavuoroisuudesta tarjota sille perustelun.[10] Tästä näkökulmasta tulee mahdolliseksi arvioida myös kysymystä siitä, riittääkö, että yritykset maksavat veronsa vai voiko niihin kohdistua muitakin *normatiivisia odotuksia.* Taloudellisen vastuun osalta arvioin Friedmanin yllä todettua näkemystä kysyen, onko voiton (omistajien varallisuuden) maksimointi – milloin ja miksi – oikea lähtökohta. Ympäristövastuun puolestaan tulkitsen tarkoittavan ulkoisvaikutusten rajaamista lainsäädännön säätelemiin puitteisiin.

---

9 Peliteoriasta ks. enemmän alempana.

10 Julkishyödykkeillä ymmärretään niitä hyödykkeitä, joita markkinoilla ei tyypillisesti ole kannusteita tuottaa (kansallinen turvallisuus, infrastruktuuri, yleistieto jne.). Tässä kirjassa kuitenkin käsitellään kysymystä, miten sosiaalista pääomaa voidaan tuottaa myös yritysten toimesta ja kuka tämän maksaa.

Huomautan kuitenkin siitä, että vaikka käsittelen kirjassa yrityksiin kohdistuvia normatiivisia odotuksia, lähestymistapani kauttaaltaan kunnioittaa ns. Humen giljotiiniin sisältyvää dikotomiaa. Sen hengessä ajattelen, että tosiasioista ei voi johtaa moraalia tai hyväksyttävää eettistä normistoa.

---

*Siitä millainen maailma on, ei voi päätellä, millainen sen tulisi olla, ts. millaisiksi "hyvyyden markkinat" tulisi luoda. Silti toiveita saa esittää – ihmisessähän elävät reiluuden tunteet ja tasa-arvon vaatimukset.*

# 2. Luottamuspääoma, sosiaalinen sopimus ja normit

Kansantalouden pääomista tärkein on luottamuspääoma. Ilman sitä taloudessa vallitsisi viidakon laki, kaikkien sota kaikkia vastaan. Jopa eläimet pystyvät erittäin pitkälle vietyyn yhteistyöhön.[11] Pisimmälle luottamukseen perustuvan yhteistyön on tietenkin kehittynyt ihminen. Hän on onnistunut hyödyntämään taloustieteen perustajan, Adam Smithin oivaltamaa työnjaon ideaa, vaihdantaa ja osaamisen eriytymistä sekä kehittämään näihin liittyvät instituutiot.[12] Markkinataloudessa luottamuspääoman määrä on käsittämättömän suuri: tulemme varsin harvoin huijatuksi.[13] Luottamuspääoma heijastaa sosiaalista sopimusta siitä, miten meidän odotetaan toimivan, ts. mitä normeja meidän odotetaan kunnioittavan. Normien kunnioittaminen vahvistaa sosiaalista pääomaa, niistä poikkeaminen tuhoaa sitä. Sosiaalinen sopimus ei ole mihinkään kirjattu, mutta sen sisältämä sosiaalinen normisto on tiedostettu, ja se koordinoi taloudellisten toimijoiden valintoja.[14] Toimijoille on hyödyllistä kunnioittaa sosiaalista sopimusta ja pysyttäytyä normitasapainossa ja näin ylläpitää

---

11  Ridleyn kirja (1996) sai minussa tältä osin aikaan herätyksen, joka oli osaltaan vaikuttamassa *Etiikka ja talous* -kurssini tuottamiseen.

12  Silti esim. sosiaalisilla eläimillä, kuten mehiläisillä, työnjako eri sukupuolten kesken on viety pitkälle ja siten rakennettu, että naaraat ovat urapolullaan elinkaarensa aikana hyvin erilaisissa tehtävissä ja urosten (kuhnureiden) lyhyeen elämään tuo riemua vain mahdollinen parittelu naapuripesän kuningattaren välillä (Kanniainen, Lehtonen, Mellin; 2013).

13  Markkinatalouden perusidea on vaihdannan tapahtuminen ja hinnoittelu markkinoiden kautta. Merkittävä osa vaihdannasta tapahtuu sopimusmarkkinoilla (esimerkiksi työsopimukset, rahoitussopimukset, vakuutussopimukset ja monet muut). Kapitalismi on määriteltävissä talousjärjestelmässä kolmen keskeisen kriteerin avulla. Ne ovat (i) turvatut omistusoikeudet, (ii) vapaa sopiminen ja (iii) rajoitetun vastuun periaate tietyissä rahoitussopimuksissa.

14  Sosiaalisten normien taloustiedettä on kehittänyt Young (1998), ja normitasapainon monikäsitteisyyttä on tarkastellut Binmore (2005).

luottamuspääomaa kansantaloudessa. Normista poikkeamiselle on kuitenkin aina kiusaus – siitä poiketaan, jos sen diskontatut hyödyt ylittävät diskontatut kustannukset. Kustannuksena petturille näyttäytyvät ne rankaisutoiminnot, johon muut yhteisön jäsenet ryhtyvät.

## 2.1 Luottamuspääoman merkitys taloudessa

Esitän liitteessä luottamuspääoman syntymistä ja tuhoutumista koskevan teorian. Kutsun mallia *"Mickey Mouse"* -malliksi, koska se on perin yksinkertainen. Tarkastelen luottamuspääoman säilyvyyttä ja tuhoutumista kahden taloudenpitäjän, $i = 1,2$ toistetun jakopelin avulla. He toimivat taloudellisessa tai sosiaalisessa vuorovaikutussuhteessa. Sitä voi edustaa mikä tahansa taloussuhde, yhteisyritys, perhe, puolisoiden suhde jne. Yhteistyön tuloksena syntyy yhteinen resurssi. Taloudenpitäjien välillä on implisiittinen sopimus siitä, miten yhteistyöllä syntyvä arvonlisä heidän kesken jaetaan.[15] Sopimus voi määrätä jakosuhteeksi esim. (0.5, 0.5) tapauksessa, jossa kumpikin on yhtä osaava tai yhtä ahkera.[16] Tällöin jakosuhde on reilu.[17] Opportunismi (eettinen uhkapeli, *moral hazard*) on sitä, että kummallakin on mahdollisuus salaa kasvattaa osuuttaan, jolloin toinen havaitsee tulleensa petetyksi. Opportunismin kustannus voi olla omatuntokustannus,[18] statuksen menetys kolmansien osapuolen

---

15 Psykologit ovat tutkineet sitä, minkälaisia jakosääntöjä, ts. normeja, tällaisiin jakopeleihin voi liittyä, Rabin (1998) on esittänyt tästä tutkimuksesta katsauksen.

16 Massiivinen psykologinen oikeudenmukaisuutta koskeva kirjallisuus osoittaa, että niiden, jotka ovat enemmän panostaneet ylijäämän tuottamiseen, myös kuuluu saada siitä suurempi osa. Sopiva viittaus on Berscheid, Boye ja Walster (1968).

17 Reiluuden moraalitunteet ovat keskeisen osa endogeenisen moraalin talousteoriaa, ja sitä ovat käsitelleet Frank (2004) ja Binmore (2005).

18 Yksi historian merkittävimmistä moraalifilosofeista, Adam Smith, käsitteli omatuntoa *puolueettoman tarkkailijan* (impartial spectator) metaforan avulla (Smith 1759).

silmissä, eli ns. ekspressiivisten preferenssien aiheuttama kustannus jne.[19] Opportunismin seurauksena yhteisön sosiaalinen pääoma tuhoutuu.[20] Kartelliteoria tarjoaa esimerkin, jossa normitasapaino säilyy vain tietyn aikaa ja ajoittain tuhoutuu.[21]

> *Kansantalouden pääomista tärkein on luottamuspääoma.*

Luottamuspääoman muodostumisen voi kuviolla esittää seuraavasti:

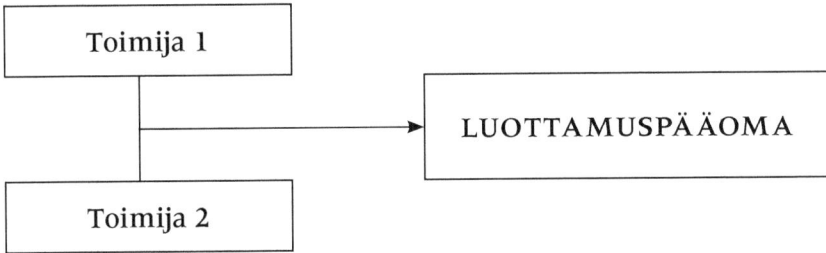

---

19 Ekspressiiviset preferenssit tarkoittavat sitä, että teemme valintoja, joiden kautta viestitämme kanssaihmisille tietoa (myös harhaista) itsestämme. Tätä on käsitellyt Hillman (2009).

20 Yksi lähihistorian suurista luottamuspääoman tuhoutumisesta koettiin vuosina 2000–2001, jolloin lukuisa joukko USA:n johtavia yrityksiä jäi kiinni kirjanpitorikoksista ja huijauksista. Tätä on käsittellyt Kanniainen 2003. Ei ole väärin kutsua näitä yrityksiä kapitalismin pettureiksi. Talousskandaaleista pahin tapaus oli energiayhtiö Enron. Kyseessä oli USA:n seitsemänneksi suurin yhtiö. Enronin johto rakensi monimutkaisen huijausoperaation, joka perustui markkinoiden manipulointiin ja luovaan kirjanpitoon. Muita olivat esim. lääkeyhtiö Merck, viihdealan AOL Time Warner ja telealan Worldcom. Skandaalit syvensivät käynnissä ollutta osakekurssien laskua. Vuosisadan yrityshuijaus kuitenkin oli paljastunut tätä kirjoitettaessa: Volkswagen oli asentanut useisiin eri dieselautoihin ohjelmistoja, jotka osoittivat mittaustilanteessa, että typen oksidien päästöt alittavat vaaditut rajat, vaikka ne todellisuudessa ylittivät rajan monikymmenkertaisesti.

21 Tältä osin tunnettuja analyyseja ovat Green ja Porter (1984) ja Rotemberg ja Salonen (1986).

17

Liitteessä tarkastelen yhteisössä vallitsevan luottamuksen merkitystä hyvinvoinnin kannalta kvantitatiivisesti. Osoitan, kuinka luottamus rakentaa yhteistoiminnan edellytyksiä ja kasvattaa jaettavaa arvonlisää. Erityisen merkittävä on saavutettava arvonlisä tilanteessa, jossa yhteistyö on pitkäkestoista. Kummallakin osapuolella on kuitenkin optio petkuttamiseen, opportunismiin, ts. viedä koko syntyvä ja yhdessä tuotettu arvonlisä itselleen, jolloin toiselle ei jää mitään. Kyseessä on talous- ja yhteiskuntatieteissä paljon tutkittu *vangin ongelma*.[22] Yhteistyötä ei tällöin voisi luottamuksen puuttuessa syntyä. Jokainen olisi oman onnensa seppä.

## 2.2 Opportunismi: kun kiusaus tekee varkaan

Hyvä normitasapaino voi silti säilyä, kun vuorovaikutus on toistuvaa ja kun tasapainoa voi tukea rangaistustrategioilla.[23] Opportunismi puolestaan johtaa sosiaalisen pääoman tuhoutumiseen. Liitteessä tarkastelen tarkemmin ehtoa sille, että osapuolten luottamus säilyy, eikä opportunismin kannustin ole riittävä luottamuksen tuhoutumiseksi. Erikoisuutena tarkastelen myös tilannetta, jossa omatunto voi toimia yhteistyösuhteen tukena.

---

22  Vangin ongelma syntyy hyvin usein kahden pelaajan pelissä. Jos toiseen osapuoleen ei ole luottaminen, pelin lopputulos on kummallekin huono. Luottamus toiseen puolestaan mahdollistaa korkeamman hyötytason. Opportunismin kannustin syntyy siitä, että pelaaja hyötyy kaikkein eniten, jos voi pettää toisen. Idea oli kehitetty 1950-luvulla, mutta sen jalosti sittemmin ja antoi sille nykyisen nimensä kanadalainen matemaatikko Albert Tucker.

23  Kun Axelrod (1980a, 1980b) tutki ns. kostostrategioiden kykyä ylläpitää hyvää tasapainoa tietokonesimulaatioilla, osoittautui, että yksinkertainen tit-for-tat strategia ("silmä silmästä", "sama samasta") toimi parhaiten. Se tarkoittaa strategiaa, jossa yhteistyötä ylläpidetään niin kauan kuin kumpikaan osapuoli ei ole pettänyt toista. Pettäminen johtaa kertakaikkiseen suhteen päättymiseen.

## 2.3 Tulkinta: miksi luottamuspääoma on toisenlaista pääomaa?

Luottamuspääoma poikkeaa tuotannollisesta pääomasta tai rahoituspääomasta ratkaisevasti; se on toisenlaista pääomaa. Se ei käytettäessä kulu vaan vahvistuu. Se kuluu, jos sitä ei käytetä. Luottamuspääoman säilyvyyden ongelma syntyy siitä, että kullakin taloudenpitäjällä on yksityiset intressit. Ei siis voi tietää, millainen vastapuoli on kyseessä. On rationaalista ennakoida, että vastapuolessa elää opportunismin siemen – samoin kuin itselläkin. Kiusaus tekee varkaan. Kiusauksella on kynnysarvonsa. Tehtävänä on löytää mekanismi, joka määrää opportunismin kynnyksen korkeaksi. Jos sitä ei löydy, vastassa on *vangin ongelma* ja huono tasapaino. Jos kumpikin osapuoli toimii rationaalisesti, kumpikin ennakoi toisen kannusteen petkuttaa, eikä yhteistyöhön sitoutumista *ex ante* siksi voi syntyä.[24]

---

24 Painavasta puheenvuorosta vahvan luottamuspääoman puolesta ks. von Hertzen (2007) Luku 7, jossa hän kirjoittaa taloudellisesta plussummapelistä.

# 3. Yhteiskuntavastuu ja normistoon sitoutuminen vastavuoroisuutena

## 3.1 Eikö riitä, että yritys maksaa veronsa?

Normit toimivat talouden koordinaatiomekanismeina. Ne tarjoavat rakenteet sosiaaliselle sopimukselle ja talouden luottamuspääomalle osana sitä. Tehokkuusnäkökulmasta on selvää, että normien kunnioittaminen on kaikkien yhteiskunnan jäsenten vastuulla, ja niistä poikkeaminen johtaa paheksumis- ja rankaisumekanismien käyttöön.[25]

Vaatimusta normistoon sitoutumisesta voidaan perustella edellä esitetyn *tehokkuusargumentin* ohella toisaalta *oikeudenmukaisuuden* näkökulmasta. Vaatimus normistoon sitoutumisesta voi nimittäin perustua vastavuoroisuuden vaatimukseen. Kun yrityksillä on oikeus toimia järjestäytyneessä yhteiskunnassa, ne saavat nojata toimissaan sen arvokkaaseen sosiaaliseen pääomaan ja luottamukseen. Verovaroin toimiva oikeuslaitos huolehtii siitä, että tehdyistä sopimuksista pidetään kiinni. Aikaisempien sukupolvien tuottamat julkishyödykkeet, kuten infrastruktuuri ja kommunikaatioyhteydet, ovat yritysten käytettävissä. Jos yritys kaatuu, yhteiskunta suojaa yrittänyttä ns. rajoitetulla vastuulla.[26] Tämä on

---

25  Viittaan tässä yhteistä hyvää edistäviin normeihin. On myös haitallisia normitasapainoja, joista irtaantuminen hyödyttäisi yhteiskuntaa.

26  Yhteiskunnan instituutiot rajaavat yritystoiminnan riskejä rajoitetun vastuun periaatteella, ja tarvittaessa yrityksillä on tukenaan myös oikeuslaitos. Rajoitetun vastuun periaate on tärkein taloudellinen innovaatio kautta aikain. Se suojaa yrittäjää tai sijoittajaa velkojilta. Se tekee sijoitusten hajauttamisen riskien hallinnan välineenä mielekkääksi. Jo Mika Waltari kuvaa kirjassaan *Sinuhe egyptiläinen* tämän sijoituksia laivoihin. Osa niistä ei koskaan palannut. Mutta kun osa palasi, Sinuhen omaisuus karttui. Ilman rajoitetun vastuun periaatetta kapitalismi ei olisi kyennyt 10-kertaistamaan länsimaisen ihmisen elintasoa sadan vuoden aikana, kuten on tapahtunut. Maailma ei kuitenkaan ole täydellinen. Rajoitetun vastuun periaatteen

silti kaikkea muuta kuin hyväntekeväisyyttä. Ilman sitä yrityksiä olisi vähemmän, ja nekin toimisivat kovin alkeellisina kaikkia riskejä välttäen.[27] Silti se ei poista argumenttia vastavuoroisuudesta. Tätä on hyödyllistä tutkia julkishyödyketeorian näkökulmasta.

Kuten jo todettiin, perinteisiä julkishyödykkeitä ovat turvallisuus, infrastruktuuri, yleistieto jne. Markkinat eivät tyypillisesti niitä tuota. Ne tuotetaan yhteisön toimesta; tätä edustaa julkinen valta. Sosiaalinen pääoma, yhteiskunnan normisto, edustaa myös julkishyödykettä. Se edustaa toisenlaista julkishyödykettä, yksityisesti tuotettua. Riittääkö siis, että yritys maksaa veronsa? Onko sillä oltava muutakin yhteiskuntavastuuta? Yllä kehitelty sosiaalisen pääoman idea ei millään muotoa ole yhteydessä yhteisön jäsenten kollektiiviseen velvollisuuteen osallistua veronmaksuun. Veronmaksuvelvoite on erillinen. Se syntyy velvoitteesta osallistua perinteisten julkishyödykkeiden rahoitukseen. Veronmaksusta riippumatonta yhteiskuntavastuuta edustaa vaatimus normiston ylläpitämisestä. Myös sosiaalinen pääoma, luottamuspääoma, on yritysten hyödynnettävissä oleva julkishyödyke.[28] Yrityksillä

---

väärinkäytöksiin kaatui USA:n säästöpankkilaitos 1980-luvulla (Akerlof ja Romer, 1994). Myös USA:n tuoreessa vuonna 2007 käynnistyneessä finanssikriisissä rajoitetun vastuun periaate mahdollisti investointipankkien tolkuttoman riskinoton.

27  On sanottu, että yritysten tulisi maksaa myös niistä palveluista, joita yhteiskunta yrityksille tai niiden työvoimalle tarjoaa. Tällaisia olisivat lasten päivähoito, työvoiman kouluttaminen verovaroin sekä terveydenhuolto työntekijöiden perheenjäsenille. Argumentti on virheellinen ja vastoin optimiveroteoriaa. Sen mukaan verot tulee kerätä tavalla, joka maksimoi yhteiskunnan kokonaishyvinvoinnin. Diamondin ja Mirrleesin (1971) juhlitun tehokkuustuloksen (*production efficiency*) mukaan verotus ei voi pääsääntöisesti rakentua tuotantosektorin verotuksen varaan. Yrityksillä on toki etuoikeus saada työmarkkinoilta yhteiskunnan varoin koulutettua työvoimaa. On silti muistettava, että työvoima hinnoittelee itsensä työmarkkinoilla ja saa tuottavuuttaan vastaavan korvauksen.

28  Yritysten yhteiskuntavastuuta yksityisesti tuotettuna julkishyödykkeenä ovat ensimmäisinä analysoineet Bagnoli ja Watts (2003) sekä Besley ja Ghatak (2007).

(niiden omistajilla) on tästä näkökulmasta siksi kiitollisuudenvelkaa. Vastavuoroisuuden vaatimus ei ole kohtuuton. Yhteiskunta voidaan nähdä yritystoiminnan partnerina (*joint venture*).[29] Yhteiskunnan luomat julkishyödykkeet edustavat yrityksen tuotantoteknologiassa tuotantopanosta, jolle on aiheellista edellyttää tuottoa. Verojen maksuun osallistuminen on vastaus tähän haasteeseen osana yritysten toimilupaa.[30]

## 3.2  Organisaation etiikka on ko. organisaatiossa toimivissa ihmisissä

Laaja tutkimustyö eri tieteenaloilla (antropologia, evoluutiobiologia, moraalifilosofia, psykologia, taloustiede) tukee seuraavaa ihmiskuvaa: ihminen on geneettisesti itsekäs (kuten taloustiede olettaa), mutta kykenevä yhteistyöhön, altruismiin ja ilmaisemaan empatian tunteita. Itsekkyys näkyy ajoittaisena opportunismina ja koskee meistä jokaista – ei vain yrityksiä. Eettinen koodisto on herkkä opportunismille, kuten "*Mickey Mouse*" -mallimme osoitti.

Yrityksen eettinen vahvuus näkyy siinä, millä laila se kohtelee paitsi työntekijöitään, myös asiakkaitaan ja rahoittajiaan, minkä

---

29 Siihen saattaa jopa liittyä kasvavat skaalatuotot koko yhteiskunnan tasolla. Yhteiskunnan ja yritystoiminnan keskinäistä suhdetta on mahdollista luonnehtia taloustieteestä lainatulla tuotantofunktiolla $y = f(K, L; G, S)$, jossa $y$ on tuotannon määrä ja jossa perinteisten tuotantopanosten, työn ($L$) ja pääoman ($K$) lisäksi on sisällytetty tuotantopanokseksi yhteiskunnan julkishyödykkeet $G$ ja sosiaalinen pääoma, $S$.

30 Globaali kehitys ja verokilpailu ovat johtamassa siihen näköalaan, että yritystasolla kerättävästä yhtiöverosta saatetaan jopa luopua. Omistajien (osakkeenomistajien) tasolla kerättävät verot sen sijaan säilyvät, ja niiden tuleekin säilyä. On myös todettava, että yritystasolla kerättävä vero ei suinkaan jää yrityksen tai sen omistajien maksettavaksi. Ei ole suuren yleisön tiedossa, että suuri osa siitä lopulta kohdentuu työntekijöille vähentyvinä investointeina ja alentuneena palkanmaksukykynä. Tästä on jo tutkimustuloksia olemassa, ks. Fuest (2012).

arvoista informaatiota se tarjoaa itsestään omistajilleen, sijoittajille ja verottajalle ja miten se pitää kiinni sopimuksistaan. Organisaation etiikka on ko. organisaatiossa toimivissa ihmisissä. Se vahvistuu tai heikkenee heidän mukanaan. Aika ajoin on paljastunut, että yritysjohto on opportunistisesti aiheuttanut suurta vahinkoa sidosryhmilleen ja/tai muulle yhteiskunnalle. Skandaalit yritysmaailmassa aiheuttavat aina haitallisia ulkoisvaikutuksia. Ei silti ole empiiristä näyttöä, että esim. yritysjohto tyypillisesti olisi itsekkäämpi kuin muut ihmiset.

Opportunismi johtaa negatiiviseen ulkoisvaikutukseen. Jos sosiaalinen pääoma tuhoutuu, sillä on haitallinen vaikutus koko talouteen ja yhteiskuntaan. Vaikuttavin esimerkki on tuore USA:n rahoituskriisi 2007–2009, joka johti luottamuksen romahtamiseen pankkijärjestelmässä, systeemiriskin realisoitumiseen ja vei koko maailmantalouden kuilun partaalle. Talousteoria sanoo, että negatiivisia ulkoisvaikutuksia tulee pyrkiä rajoittamaan. Ympäristövahinkojen tapauksessa keinoina ovat haittaverot tai päästömaksut, joilla väärät kannusteet oikaistaan. Opportunismin tapauksessa tällaisia instrumentteja ei ole käytössä (paitsi lainrikkojia vastaan). Sanktiot perustuvat kuluttajien ja sijoittajien sanelemaan tuomioon markkinoilla.

Vaatimus muun sosiaalisen vastuun (vastuu hyväntekeväisyydestä) sälyttämisestä yrityksille toisaalta on varsin pitkälle menevä ja vaatii huolellista arviointia. Sehän edellyttää, että osa yhteisön jäsenistä (osakkeenomistajat) joutuu ottamaan vastuuta muista ihmisistä. Se ensinnäkin sivuuttaa sen tosiasian, miten koko muu yhteiskunta tosiasiassa hyötyy tuloksellisesta yritystoiminnasta ja sen tuottamasta arvonlisästä niiden kohtaannon mukaisesti. Hyödyt eivät tietenkään jää pelkästään yrittäjille tai yritysten omistajille itselleen. Hyötyjänä on koko yhteiskunta, ensi vaiheessa yritysten työllistämä työvoima, jonka toimeentulo on suoraan sidottu yrityksen menestymiseen. Kuluttajat hyötyvät yritysten innovaatioista, tuotteista ja palveluista. Nordhaus (2004) on laskenut, että esim. innovaatiotoiminnan sosiaalisista tuotoista suurin osa kohdentuu kuluttajille halvempien ja parempien tuotteiden muodossa. Erikseen on lisäksi mainittava verottaja, jonka keräämät verotulot julkisia palveluita ja tulonsiirtoja varten perustuvat lopulta sen arvonlisän verottamiseen, jonka yritykset ovat tuottaneet, ja niiden tuotteiden verotukseen, jotka yritykset ovat tuottaneet.

Yritykset silti osallistuvat sosiaalisen vastuun kantamiseen nykyisin eri tavoin. Ne esimerkiksi harjoittavat hyväntekeväisyyttä. Ehkä ne eivät tällöin kuitenkaan heitä rahaa hukkaan. On oletettavaa, että hyväntekeväisyys on osa investointia yrityksen imagoon. Seurausetiikan näkökulmasta tämä motiivi on hyväksyttävissä.

# 4. Yritysten taloudellinen vastuu: tulisiko yritysten keskittyä voiton maksimointiin?

Vuosia sitten erään sanomalehden toimittaja tuli puheilleni kysyen: *"Eikö olekin epämoraalista, että yritys irtisanoo työvoimaansa?"* Vastasin jotain siihen suuntaan, että ilmeisesti kysymys on markkinatalouden lainalaisuudesta ja suhdanneilmiöstä. Kysymys jäi silti askarruttamaan ja johti jo mainitsemani *Etiikka ja talous* -luentosarjan käynnistämiseen.

Irtisanomisten osalta on kyse yritysten (ja yritysjohdon) taloudellisesta vastuusta omistajilleen. Muistissa on ns. patruunoiden aika lähihistoriasta. Suomenkin kansantaloudessa oli vain harvoja suuryrityksiä. Aikanaan ne ottivat monin tavoin vastuun työntekijöistään. Hyvinvointiyhteiskunnan rakentamisen myötä vastuu työntekijöiden hyvinvoinnista sosialisoitiin julkiselle vallalle.

Osakeyhtiölain mukaan yritysten tehtävä on tuottaa voittoa omistajilleen.[31] Tähän täytyy sisältyä jokin viisaus. Onko voiton maksimointi oikein? Saako yritys irtisanoa jne?

Alan tutkimustyö osoittaa, että osakkeenomistajien intresseistä huolehtiminen vahvistaa yrityksen arvoa, kun taas yleishyödyllisempi toiminta sitä heikentää (Hillman and Keim, 2001). Shleiferin (2004) mukaan yritysten eettisen koodin väitetty heikkeneminen voi johtua kiristyneestä kilpailusta, ei niinkään lisääntyneestä ahneudesta. Argumentti on, että kilpailu heikentää eettistä koodia, koska se ajaa alas hintoja ja leikkaa yritysten tuloja. Vastakkaista näkemystä edustaa Hörner (2002). Hän väittää,

---

31 Pankinjohtaja Björn Wahlroos on tuonut tämän lainsäätäjän tahdon usein esiin julkisuudessa.

että markkinoiden reaktio yrityksen parantuneen maineen muodossa auttaa vahvistamaan yritysetiikkaa. Omistajien varallisuuden (voiton) maksimointitavoite on saanut osakseen vahvaa julkista kritiikkiä. Työvoiman irtisanomiseen usein liittyy osakekurssien nousu. Äkkiseltään näyttää siltä, että yrityksen omistajien ja työvoiman välillä vallitsisi sovittamaton ristiriita. Esitetystä kritiikistä ei kuitenkaan seuraa, etteikö voiton maksimointi olisi oikea tavoite. Jos yritys toimii kilpailun alaisena, sillä ei ole vaihtoehtoja. Tärkeintä on silloin kysyä, onko yrityksellä kykyä – ja kuinka kauan – ylipäätään tehdä voittoa. Jokainen yrittäjä on pätkätyöläinen.[32] Myöskään suuret yhtiöt eivät ole ikuisia vaan ovat shumpeterilaiselle luovalle tuholle alttiita.

Taloustieteen mukaan voiton tekeminen on välttämätön ehto sille, että yritys voisi pysyä pystyssä. Epävarmassa maailmassa kaikki yritykset ovat jatkoajalla. Sitä paitsi tavoite maksimoida voitto ei ole ristiriidassa laajemman sosiaalisen vastuun ottamisen kanssa. Sosiaalisen vastuun kantaminen voi olla ehto sille, että kuluttajat hyväksyvät yrityksen jatkoajalle. Monopoliasemassa olevalle yritykselle taas syntyy ylivoittoja. Jos voittoja halutaan rajoittaa, taloustieteellä on moralisoinnin sijaan tähän tarjolla tehokas lääke: kilpailun vahvistaminen.

---

32 Kansainvälinen evidenssi markkinoille tulon riskistä on vahva. Bruderl ym. (1992) raportoivat, että saksalaisista start-up-yrityksistä 24 prosenttia lopetti kahden ensimmäisen, ja 37 prosenttia viiden ensimmäisen toimintavuoden aikana. Cressyn (1996) mukaan Isossa Britanniassa 2,5 ensimmäisen toimintavuoden aikana lopetti käynnistyneistä yrityksistä 45 prosenttia, ja kuuden vuoden kuluessa 80 prosenttia. Portugalin yrityksiä tutkinut Mata ja Portugal (1994) raportoi, että uusista yrityksistä ensimmäisen vuoden aikana kaatui 20 prosenttia, ja 50 prosenttia neljän ensimmäisen toimintavuoden aikana. Myös Cressy (2006) käsittelee yritysriskiä. Osa yrityksistä – kultajyvät – poistuu markkinoilta sen vuoksi, että kilpailijat ostavat ne pois.

> *Yritys, joka ei tuota voittoa, on pian entinen. Voiton tuottaminen ei ole ristiriidassa laajemman sosiaalisen vastuun ottamisen kanssa. Tehokkain tapa rajoittaa voittoja on kilpailun lisääminen.*

Kun piispat ovat taannoin julkisuudessa tuominneet ahneuden ja liike-elämän etiikan,[33] he ovat jättävät sanomatta, että suurin osa yrittäjistä on tavallisia rehellisiä kansalaisia. Myös kirkon edustajissa on osakesijoittajia.[34] Ihmisen sisään rakennettua voittomotiivia lienee turha valittaa. Se on geeneissä ja biologinen laki, *ahneus on evoluution tuote, eikä ole näköpiirissä, että se ihmisestä poistuisi.* Voiton syntyminen on ehto sille, että työpaikat voivat säilyä. Voiton tekeminen on tästä näkökulmasta ei vain moraalisesti oikein vaan välttämätöntä.

> *Taloutta ei voi ymmärtää, ymmärtämättä ihmistä. Ihmistä ei voi ymmärtää ymmärtämättä hänen evolutiivista taustaansa.*
> *Ahneus on evoluution tuote, eikä ole näköpiirissä, että se ihmisestä poistuisi. Kun sosialismin mukaan ihminen on hyvä, Raamattu pitää ihmistä "raadollisena". Kumpi on enemmän oikeassa?*

Yksi julkisen arvostelun kohde ovat olleet johdon kannustinpalkkiojärjestelmät. Analyyttinen keskustelu on ollut niukempaa. Yksityisen pääoman tapauksessa omistajille on oikeus päättää, ei ulkopuolisilla. Kannustinpalkkioiden tarkoitus on erotella hy-

---

33  *Kohti yhteistä hyvää*, Suomen evankelisluterilaisen kirkon piispojen puheenvuoro hyvinvointiyhteiskunnan tulevaisuudesta, 1999.
34  Edes papit eivät koskaan tuominneet Nokian jättivoittoja, kun niitä syntyi. Nokian tapaus osoittaa, miten markkinamekanismi korjaa ylivoitot.

vät yritysjohtajat heikoista. Managerimarkkinoilla pätevyys on niukka hyödyke. Mekanismi toimii kuitenkin puutteellisesti, eivätkä nämä markkinat ole aidosti kilpailulliset. Kannustinpalkkiot ovat tyypillisesti myös epäsymmetrisiä: ne palkitsevat kurssinoususta, mutta eivät rankaise virheellisiksi osoittautuneista päätöksistä. Riittää, kun tässä yhteydessä viittaa tuhoutuneisiin USA:n investointipankkeihin äskeisen finanssikriisin aikana.[35]

Kannusteista luopuminen ei silti ole edessä, eikä sen tarvitsekaan olla. Niiden evoluutiolle sen sijaan on aina sijaa.[36] Omistajavalvontaa, *corporate governance* -järjestelmiä on mahdollista kehittää. Heikot instituutiot on korvattavissa darwinistisesti paremmilla. Optioetu voidaan pätkiä pitkitetyksi etuudeksi, jolle voidaan myöntää lunastusoikeus vaiheittain, osaksi ehkä vasta johdon siirryttyä eläkkeelle. Toimialojen sisäiset vertailuindeksit ovat välttämättömät. Liikkeenjohdon vastapainoksi tarvitaan vahva hallitus omistajien edustajaksi. Esimerkkinä väärästä ratkaisusta voidaan mainita toimitusjohtajan toimiminen yhtiön hallituksen puheenjohtajana. Toimitusjohtajan kausi ei myöskään saisi olla ylipitkä.[37]

---

35  Terviö (2009) on esittänyt, että managerimarkkinat ali-investoivat uusien liikkeenjohtajien osaamispotentiaalin selvittämiseen ja ylihinnoittelevat markkinoilla jo toimivan liikkeenjohdon.

36  Tuoreessa tutkimuksessaan, joka perustui Execucomp S&P1500 -yritysten aineistoon vuosilta 1994–2011, Cooper, Gulen ja Rau (2014) havaitsivat, että ko. aineistossa osaketuotot riippuivat negatiivisesti ylimmän liikkeenjohdon saamista palkkioista. Osaketuotoissa oli pudotusta 8 %. Tutkijat liittivät tämän havainnon liiallisen itseluottamuksen aikaansaamiin virheellisiin taloudellisiin päätöksiin ylimmässä liikkeenjohdossa.

37  Kauppalehdessä julkaistiin 19.3.2012 osuva kirjoitus liikkeenjohdon kierrätyksen tarpeesta (Soikkanen ja Hannula). Se kysyi, onko yritysjohdon toimikauden pituudelle, elinkaarelle, olemassa optimi. Kirjoitus päätyi vastaamaan myöntävästi. Johdon kykyjen ehtymisen näkee Soikkasen ja Hannulan mukaan siitä, että uudet avaukset vähenevät, yrityskauppojen toteuttaminen venyy, tehostamishankkeet pitkittyvät. Yhtiön hallituksen on myös vaikea myöntää omia virheitään varsinkin, jos hallituksen puheenjohtajan ja toimitusjohtajan rooleja ei ole eriytetty. Uudet mahdollisuudet

Eettisten ongelmien keskellä on korostettava mitalin toista puolta. Rehellinen yrittäjä on yhteiskunnan hyväntekijä. Hän työllistää itsensä ja siinä sivussa muita ja luo sen arvonlisän, josta valtio verottaa varat sosiaaliturvan rahoittamiseen. Kansantalouden arvonlisän luovat valtaosaltaan yritykset, noin 80 %, ei julkinen valta. Innovaatiot syntyvät yrityksissä (pienissä ja suurissa). Kaikki menestystuotteet tänä päivänä maailmassa ovat kapitalististen yritysten tuottamia. Jokaisen yrityksen pääasiallisena taloudellisena vastuuna on hengissä selviäminen seuraavalle kierrokselle. Kuinka paljon arvonlisää yritys on tuottanut ja kuinka paljon työtä se on ihmisille tarjonnut ja heillä teettänyt, on yksi mittari sille, onko se toteuttanut taloudellista vastuutaan.

Monien mielessä tuntuu elävän ajatus, että yritysjohtajat ovat muita ihmisiä ahneempia ja kenties pahempia ihmisiä. He saneeraavat, irtisanovat työntekijöitä, vievät tehtaansa Kiinaan ja Intiaan, saastuttavat luonnon ja kiertävät veroja. Ei silti ole tutkimuksellista näyttöä sille, että he olisivat muita pahempia ihmisinä. Eikä voikaan olla. Näyttöä pikemminkin voisi olla sen puolesta, että yritysjohtavat ovat samanlaisia ihmisiä kuin muut. Kun yksikään yritys ei ole ikuinen, yritysjohtajien tehtävänä on huolehtia siitä, että yritys saa lisäaikaa niin kauan kuin mahdollista. Yrityksen taloudellinen vastuu toteutuu, kun yritys säilyy seuraavalle toimikaudelle. Tämä on myös sen työntekijöiden etu.

Tiedetoimittaja Susanne Björkholm (2015) on sattuvasti korostanut tarvetta erottaa käsitteet "kateus" ja "moraalinen paheksunta". "Arvostus seuraa omistamisesta, joten materiaalinen rikkaus on kateuden evolutiivisesti moderni ilmentymä. Kateus on kapitalismin käyttövoima!". Moraalisen tuohtumuksen tehtävä sen si-

---

yritystoiminnassa myös avautuvat satunnaisesti. Hyvä johto kykenee tarttumaan oikea-aikaisesti projekteihin, jotka vievät yhtiötä eteenpäin. Steve Jobs osasi ilmeisesti mennä tässä pidemmälle: hän kehitti tuotteet, joista kuluttajat vasta niiden kehittämisen jälkeen huomasivat, että eivät voi ilman niitä elää.

jaan on muualla. "Se tarkoittaa yhteisön halua rangaista sitä, joka vahingoittaa muita". "Ilman moraalista tuohtumusta populaatiossa pääsisivät niskan päälle häikäilemättömät". Tämä erottelu on yhteensopiva sen näkemyksen kanssa, jota tämä kirja edustaa.

*Siinä missä kateus on talouden käyttövoima, moraalinen paheksuminen ilmenee haluna rangaista sitä, joka vahingoittaa muita.*

## 5. Opportunismin rajoittaminen: Kun markkinat rankaisevat

Normatiivisten vaatimusten esittäminen ei ole tehokas tapa parantaa maailmaa. On silti mekanismeja, jotka jarruttavat opportunismin kannustetta. Yksi on maineenmuodostus. Yhteisön muut jäsenet voivat ottaa rankaisijan roolin, jonka uhka tukee normiston säilyvyyttä. Siksi on aihetta tutkia markkinoiden kykyä palkita hyvän eettisen koodin yrityksiä ja vastaavasti rangaista huonon eettisen koodin yrityksiä. Normitasapainon vakauden tukeminen voi toteutua vain, jos esim. kuluttajat sitä yrityksiltä edellyttävät. Kuluttajaboikotit ovat tässä tehtävässä yksi instrumentti.[38] Kuluttajien moraaliset preferenssit voivat toimia tällaisena mekanismina. Rankaisun tehokkuus kuitenkin voi riippua siitä, kärsivätkö syyttömät. Esim. saastuttavaa yritystä rankaiseva kuluttajien reaktio saattaa tehdä maksumiehiksi myös rangaistun yrityksen työntekijät työpaikkojen menetysten muodossa. Rankaisemisen *kohtaanto-ongelma* ei siten ole triviaali. Myös työntekijöiden hakeutuminen yrityksiin ja heidän palkkapyyntönsä voivat heijastaa heidän käsitystään yrityksen imagosta.[39]

---

38  Hyvää ei kuitenkaan voi helpolla saada ilmaiseksi. Niinpä patruunoiden aikaan, mihin yllä viittasin, esim. palkkataso oli huomattavasti alempi kuin nykyisin, kun yrityksiltä on karsittu sosiaalista vastuuta.

39  Kuten Fershtman ja Weiss (1993) ovat sosiologiseen tutkimustraditioon perustuen osoittaneet, työpaikan *statuksella* on merkitystä yritysten työvoiman kannalta sen valitessa, mihin yritykseen se haluaa hakeutua.

# 6. Case: Kemijärven sellutehtaan sulkeminen 2008

Kemijärvellä 1965–2008 toimineen sellutehtaan taannoinen sulkeminen sopii *case*-tutkimukseksi irtisanomisten analysoimiseksi. Onko yrityksen pitkäaikaisella työntekijällä subjektiivinen oikeus pysyvään työsuhteeseen loppuiäkseen? Voidaanko yrityksiltä edellyttää vastuuta pysyvien työpaikkojen takaamisesta työvoimalleen, kuten on ehdotettu?[40] Jokin meissä elävässä *sisäisessä reiluuden vaatimuksessa* sanoo, että pitkään palvellutta työvoimaa ei saisi irtisanoa. Ekonomistin ennuste on toinen: jos tätä edellytetään, yrityksiä ja työpaikkoja syntyy arvattavasti paljon vähemmän *ex ante*. Kuka uskaltaa sellaisen velvoitteen kanssa elää? Itse asiassa "pysyvä työpaikka" on yhtä harhaanjohtava käsite kuin on "ikuinen yritys". "Päättymisen lain" perusteella jokaisen yrityksen taival on päättyvä. Suurtenkaan yritysten tapauksessa elinikäisiä työsopimuksia ei voi olla. Maailman jatkuva muutos edellyttää yrityksille oikeutta kannattavuuden horjuessa tarpeen mukaan supistaa tuotantoa ja vähentää työvoimaa. Jos globalisaatio vei sellutehtaan toimintaedellytykset Kemijärveltä, kenellä on vastuu? Kemijärven tehdas toimi yli 40 vuotta tarjoten työtä, toimeentuloa sadoille paikkakuntalaisille, verotuloja valtiolle ja kaupungille sekä voittoa omistajille. Kuka laskisi tämän tulonmuodostuksen arvon? Kelpaisiko se tehtaan yhteiskuntavastuun mittariksi?

---

40 Tulkitsen Siltalan (2007) viestin tällä tavalla. Hänen kuvauksensa globalisaation aikakaudella muuttuneesta työelämästä perustuu todellisiin haastateltujen kertomuksiin. On silti mahdotonta ajatella, että yritykset kiusallaan toteuttavat Siltalan kuvaamia irtisanomisia. Työilmapiirissä näen oleelliseksi reiluuden vaatimuksen. Siinä on aina parannusta aikaansaatavissa. Kun on kyse ihmisistä, tämän toteutuminen jää ennusteeni mukaan kuitenkin usein haaveeksi monissa organisaatioissa. Siltalan ongelmaksi jää, että hän ei tarjoa sisältöä maailmanparannusohjelmalle. Onko viestinä: "Perutaan globalisaatio"?

Kenellä ylipäätään on oikeus peräänkuuluttaa vastuuta muilta? Voi olla, että rawlsilaista argumenttia heikoimmassa asemassa olevan turvaamisesta on syytä pitää lähtökohtana. Työntekijöille tulee luoda turvaverkot ennakoimattomien muutosten varalle. Tämä ei kuitenkaan voine edellyttää tappiollisen yrityksen toiminnan jatkamista? Muita keinoja täytyy olla. Maksajasta kuitenkin varmaan kiistellään.[41]

Voi myös kysyä, eikö niiden, jotka peräänkuuluttavat vastuuta muilta, ole lupa perustaa omaa yritystoimintaa ja toteuttaa kaikkia edellyttämiään ihanteitaan. Punapääoman tuhoutuminen Suomessa 1990-luvun alussa osoitti, kuinka vaikea elinkelpoisen yritystoiminnan luominen voi olla.[42] Niukkuutta onkin menestyvistä yritysideoista. Markkinoille tulo on tyypillisesti riskillinen. Jokaisen yrityksen elinkaari on äärellinen.

Nokian matkapuhelinliiketoimintojen myynti Microsoftille on nähty kansallisena tragediana Suomessa. Varsinainen tragedia kuitenkin oli markkinajohtajan nopea luhistuminen ennen myyntiä. Kun Microsoft maksoi Nokian matkapuhelinliiketoiminasta 5,44 mrd. euroa, se ilmeisesti otti merkittävän riskin. Tähän viittaavat sen kaavailemat irtisanomiset hyvin pian myynnin jälkeen.[43]

---

41  Ekonomisti ennustaa, että pitkällä aikavälillä kustannus eri mekanismien kautta kohdentuu joka tapauksessa työntekijälle.

42  Tämän on kiitettävästi dokumentoinut Seppänen (1995).

43  Työministeri Lauri Ihalainen on lehtitietojen mukaan vaatinut Microsoftilta yhteiskuntavastuuta ja taloudellista tukea irtisanottavien auttamiseksi. Vaatimuksen saattoi helpommin ymmärtää Nokian taannoisten irtisanomisten aikana, olihan Nokia pitkään ollut merkittävin julkisen t&k-tuen saaja Suomessa. Nokia auttoikin satoja irtisanottuja työntekijöitään mm. yritystoiminnan käynnistämisessä. Microsoft sen sijaan ei liene Suomelle mitään velkaa. Sitä paitsi se toimii erittäin kilpailluilla markkinoilla ainakin matkapuhelinliiketoiminnan osalta.

*Jokaisen yrityksen elinkaari on äärellinen.*

Mikä viisaus kätkeytyy siihen, että oikeus irtisanomisiin ja työsuhteisiin on jätetty yrittäjälle, työnantajalle tai yritysjohdolle? Miksi työpaikkoja koskevista päätöksistä eivät päätä työntekijät itse? Tämän ymmärtämiseksi on hyödyllistä kysyä, mikä on se nokkimisjärjestys, jonka pohjalta yrityksen tuloksella käydään? Ensin saavat osansa tuotantopanosten tarjoavat ml. työntekijät. Myös palkattu yritysjohto käy tässä vaiheessa tuloksella. Seuraavana ovat vuorossa velkojat, sitten verottaja. Viimeisenä nettotuloksesta vie oman osansa yrittäjä tai sijoittaja. Tämän tosiasian ei pitäisi hämärtyä silloinkaan, kun pörssikurssit hipovat pilviä. Pörssikurssit vaihtelevat huomattavasti enemmän myös normaaleina aikoina kuin palkkoja kuvaavat aikasarjat. Vain pitkällä aikavälillä riskisijoituksen tuotto ylittää riskittömän tuoton niin kuin kaiken logiikan mukaan tuleekin olla. Sanotusta seuraa, että juuri pörssisijoittajalla on esim. työntekijöitä suurempi intressi toivoa, että jotain jää viimeiselle tulosriville. Siksi sillä on oltava oikeus päättää. Vai onko?

# 7. Ricardo Semler haastaa hierarkisen yrityskulttuurin

Yrityskulttuuri on altis darwinistiselle kokeilevalle evoluutiolle niin kuin on koko talousjärjestelmäkin, kapitalismi. Määrittelen kapitalismin vapaan sopimusoikeuden, yksityisen omistuksen turvan ja rajoitetun vastuun suojan avulla. Tämä määrittely ei kerro sitä, mikä on tuloksen kannalta paras päätöksentekojärjestelmä, ts. mikä on tehokkain. Menestys taloudellisen arvonlisän tuottamisessa voi perustua uusiin avauksiin yrityskulttuurissa, myös kapitalismissa. Kapitalismi ei koskaan ole valmis, lopullinen. Semco, brasilialainen teollisuusyhtiö on yli vuosikymmenen ajan perustunut huimaan innovaatioon. Yhtiön pääomistajan ja johtajan Ricardo Semlerin ideoimana sen työntekijät ovat itse saaneet päättää omista palkoistaan, työajoistaan, tuotteiden suunnittelusta ja markkinointisuunnitelmista. Yhtiön menestys tämän hetken tietojen mukaan on ollut merkittävä Brasiliaa 1990-luvun alussa koetelleen talouskriisin jälkeen.[44] Suomessa Teivainen (2013) on pohtinut, voisiko yhtiöiden päätöksentekoa demokratisoida samalla tavalla kuin on demokratisoitu valtiollinen päätöksenteko. Tirolen (2001) argumentaatio torjuu tämän yksiselitteisesti. Hän on vakuuttavasti argumentoinut, että muut tavoitteet kuin arvon maksimointi raunioittavat yhtiöiden talouden.

Semcon yrityskulttuurissa omistus ja päätöksenteko on pitkälle eriytetty. Semler on pääomistaja. Mikä siis selittää Semcon menestyksen? Charness, Cobo-Reyes, Jimenez, Lacomba ja Lagos (2012) ovat raportoineet kokeellisesta tutkimuksesta, joka on laboratorio-oloissa vahvistanut Semcoa koskevat havainnot. Heidän mukaansa tulos selittyy sillä, että vastuun delegoiminen tuottaa

---

44 Wikipedian tietojen mukaan varastojen tasoa oli onnistuttu pudottamaan 65 %, toimitusajat olivat lyhentyneet ja tuotevikojen osuus supistunut alle 1 %:iin. Vuosina 1994–2003 kassavirta kasvoi vuosittain 40 %, ja työvoiman määrä oli noussut 90:sta 3000:een.

39

vahvoja positiivisia motivaatiovaikutuksia. Menestyksen taustalla todennäköisesti ovat myös tiimityön tuottamat edut.[45]

*Voitonjakojärjestelmillä sekä työntekijöiden osaomistuksella ja päätöksentekoon osallistumisella on positiivinen vaikutus tuottavuuteen.*

Semcon menestys palauttaa mieliin kuitenkin myös vanhemman tutkimustradition, jossa on tarkasteltu kysymystä siitä, miten työntekijöiden osallistuminen yritysten päätöksentekoon vaikuttaa tuottavuuteen. Doucouliagos (1995) raportoi 43 tutkimusta koskeneesta meta-analyysista. Tulosten mukaan voitonjakojärjestelmillä sekä työntekijöiden osa-omistuksella ja päätöksentekoon osallistumisella oli positiivinen yhteys tuottavuuteen. Korrelaatiot olivat vahvimmat työvoiman omistamissa yrityks*issä (labormanaged* firms) kuin kapitalistisissa yrityksissä.

Näidenkin tulosten valossa jää silti avoimeksi kysymys: miksi perinteinen kapitalistinen yritys, jossa liikkeenjohto yksin päättää, on silti täysin dominoiva? Esim. taannoinen jugoslavialainen työntekijäomisteinen yritysmalli näyttää kadonneen. Miksi työtekijöihin sisältyvää potentiaalista voimavaraa ei haluta hyödyntää? Miksi emme tiedä tähän vastausta?

---

45 Yksi selitys myös voi olla, että Semco edelleen on kohtuullisen pieni yritys. Työntekijöiden lukumäärän kasvaessa yhtiö voi kohdata *Arrow'n mahdottomuusteoreemaan* sisältyvän pessimismin preferenssien aggregoinnin osalta.

# 8. Miksi omistusoikeudet ovat tärkeitä? Yhteisomistuksen tragedia.

Suomalaisista merkittävä osa haluaa asua omassa kodissa. Oma koti on selvin esimerkki siitä, että omistusoikeudet ovat ihmisille tärkeitä. Ne tuovat mukanaan vahvat kannusteet ponnistella oman ja perheen hyvinvoinnin eteen. Omistuksen turvan merkitystä on vaikea yliarvioida. Uuden ajan alussa Englannissa tapahtui ratkaiseva vallan uusjako: parlamentti otti valtaa itselleen ja rajoitti kuninkaan valtaa (Rajan ja Zingales, 2003). Sen seurauksena kruunu ei enää voinut siirtää maata omistavan luokan viljelyksiä omistukseensa ja kuninkaan lähipiirille jaettavaksi. Oli järkevämpää verottaa omistajien maata kuin siirtää sitä sellaisille, jotka eivät kyenneet sitä viljelemään. Englannin maatalous kehittyikin suotuisasti, ja Englanti oli Euroopan vahvin kansantalous 1800-luvuilla.[46] Zimbabwen presidentti Robert Mugabe ei ole oppinut historiasta mitään. Sama koskee Venäjää, jossa Kreml kykenee tuhoamaan öljy-yhtiön viemällä sen omaisuuden. Viisaammin on tehnyt Kiina ja näkyvin seurauksin. Yrittäjät ja työntekijät saavat pitää tulonsa ja varallisuutensa, kunhan maksavat verot.

Ensimmäinen dokumentoitu omistusoikeuksien suoja löytyy kiveen hakattuna Hammurabin laista vuodelta 1760 eaa. Jo keskiaikainen Venetsia oivalsi innovaatioiden omistuksen turvan niiden tuottamisen kannalta, ja sen patenttilaki – ensimmäinen maailmanhistoriassa – on peräisin vuodelta 1474. Omistusoikeuksien puuttuminen on taloushistorian valossa ollut tuhoisaa. Vastoin yleistä käsitystä resurssien yhteisomistus on johtanut esim. biisonit sukupuuton partaalle, järvien liikakalastukseen jne. Myös Lapissa on liikaa poroja yhteislaiduntamisesta johtuen. Puhutaan *yhteisomistuksen tragediasta*. Pahin esimerkki on kuiten-

---

46 Englannin maa-omaisuutta koskevien omistusoikeuksien kehitys on kuvattu tarkemmin Liitteessä 3.

kin ilmastonmuutos. Ihminen saastuttaa liikaa ympäristön kantokykyyn nähden, koska ilmastoamme ei omista kukaan. Se on *kaikkien yhteisomistuksessa*.

Sosialistinen kokeilu yhteisomistuksella tuotti jokaiselle nähtävissä olevan omistuksen rappeutumisen. Voisi sanoa, että yhteisomistus on vastoin luonnollista ihmisen tapaa ajatella. Sitä paitsi eläimillekään yhteisomistus ei sovi. Joka ei usko, heittäköön luupalan kahden koiran väliin.

# 9. Vakiintuneet vs. uudet yritykset

Vakiintuneet yhtiöt ovat turvallisemmassa asemassa kuin ovat uudet markkinoille pyrkivät pienyritykset. Vakiintuneiden yhtiöiden kyky kantaa riskejä on vahvempi kuin uusien. Markkinoille etabloituneet yritykset ovat pitkään nauttineet yhteiskunnan rakentamasta peruspääomasta, infrastruktuurista ja suojasta. Monet niistä ovat voineet saada merkittävästikin yhteiskunnan rahallista tukea esim. t&k-hankkeilleen. Niiden omistajina toimivien pörssisijoittajien ja säätiöiden ei tarvitse laittaa likoon omaa panostaan muutoin kuin rahallisesti. Niiden resurssit ovat suuremmat ja niiden kyky ennakoida kehitystä on tästä syystä parempi kuin uusilla yrityksillä. Melkoinen osa jälkimmäisistä ei koskaan näe auringonnousua. Uusilta yrityksiltä ei siksi voi odottaa sosiaalista vastuuta samassa määrin kuin vakiintuneilta.[47] Saksassa toteutettuihin Harz-reformeihin sisältyykin alle 10 työntekijän yrityksissä vapaa irtisanomisoikeus.

---

47 On myös todettu (Kanniainen ja Määttä 2008), että hallinto- ja muut sääntelykustannukset ovat regressiiviset, ts. pienillä yrityksillä suhteellisesti suuremmat kuin suurilla.

# 10. Yritysten ympäristövastuu: ulkoisvaikutukset

Ihmiskunta on saanut sopeutua siihen tosiasiaan, että tuotanto saastuttaa ja että saasteella on sosiaalisesti hyväksyttävä määrä. Kyse on ulkoisvaikutuksista. Ympäristötaloustiede todistaa, että tuotetun saasteen optimaalinen määrä on positiivinen.[48] Ympäristöongelmat heijastavat omistusoikeuksien puutteellista määrittelyä ja virheellistä hinnoittelua. Ts. markkinahinnoissa tulisi heijastua todelliset sosiaaliset kustannukset ympäristötuhojen aiheuttama hyvinvoinnin heikkeneminen mukaan lukien. Ympäristövastuun tulisi siis ensi sijassa näkyä vastuutaan pakoilevien kuluttajien ja heidän valitsemiensa poliitikkojen valinnoissa. Yritysten ympäristövastuu on lyhyesti kiteytettävissä: niiden vastuulle jää yhteiskunnan tekemiin valintoihin sopeutuminen ilman opportunismia ja ulkoisvaikutusten hallinta siten, kuin lainsäädäntö edellyttää.[49]

---

48 Ne, jotka tätä johtopäätöstä kauhistuvat, edellyttäisivät, että kaikki saasteita päästävä teollinen tuotanto tykkänään loppuisi, fossiilisia polttoaineita käyttävät liikennevälineet poistettaisiin käytöstä jne. Näkemys lähtee siitä, että kansantalouden lähtökohtana on oltava individualismi, ihmisten vapaan tahdon heijastuminen siitä, mitä he saavat kuluttaa.

49 Kiusaus opportunismiin ja ympäristörikoksiin on monesti ollut liian houkutteleva. Esim. Tallink-yhtiö jäi kiinni v. 2005 siitä, että se laski jätevetensä Suomenlahteen, Lokapojat-yhtiö on ollut oikeudessa syytettynä jätevesien juoksuttamisesta puhdistamattomana yleiseen viemäriin, Suomenlahtea rehevöittävä maataloustuotanto ei ole kantanut ympäristövastuutaan, Talvivaara-yhtiön päästöistä tuli ongelma koko Sotkamolle ja Norilsk Nickelin Harjavallan tehtaan nikkelisulfaattipäästö Kokemäenjokeen heinäkuussa 2014 on laajalti tuhonnut joen elämää.

45

# 11. Yhteiskuntavastuu kilpailuetuna

Yritysten kotisivut viestittävät yrityksen perusarvoista. Mielikuvat ovat tärkeitä. On myös tiedostettu terveen henkilöstöpolitiikan merkitys. Yrityksillä on yhteiskuntavastuuhenkilöitä, ja ne laativat ympäristöraportteja. Kehitteillä on ollut yhteiskuntavastuun mittareita. Silti: konkurssin tehnyt Enronkin julisti arvoikseen *"kunnioitus"*, *"rehellisyys"*, *"kommunikaatio"* ja *"erinomaisuus"*. Tosipaikan tullen Enronin julistuksilla ei ollut mitään painoarvoa. Eettiset tilinpäätökset eivät auta, jos tositaseet ovat epäeettisiä.

> *Myös kapitalismin pettureiden julistetut arvot voivat olla kunnioitusta herättäviä. Huijariksi osoittautuneen energiayhtiö Enronin arvoja olivat "kunnioitus", "rehellisyys", "kommunikaatio" ja "erinomaisuus".*

Sijoitusmarkkinat eivät silti juurikaan hinnoittele yritysten eettistä koodia sijoituskohteiden hintoihin. Jos vaihtoehtoisia työpaikkoja on tarjolla, yritysten oma työvoima voi ainakin periaatteessa äänestää jaloillaan ja vaihtaa yritystä, joka toimii vastuuttomasti. Tämä voi johtaa yritykselle lisääntyviin kustannuksiin. Myös markkinat voivat ottaa rankaisijan roolin. Kuluttajilla on mahdollisuus vaikuttaa yritysten eettiseen koodiin mm. ostopäätöksillään ja boikoteillaan. Onkin hyödyllistä myös kysyä, missä on kuluttajien moraali. Varastettu tavarakin näyttää aina löytävän ostajansa.

Markkinoiden kyky reagoida niiden yritysten tuotteisiin, joilla on huono kaiku, on vahvistunut. Internetin aikakaudella informaatio leviää hetkessä. Kuluttajien halukkuus sitoutua tuotteeseen säätelee sitä, mitä arvoja yritykset kokevat itselleen omakseen. Globalisoituneessa maailmassa kuluttajat kuitenkin sijaitsevat eri puolilla maailmaa, eikä heidän preferenssejään ja ostopäätöksiään voi koordinoida. Itse asiassa on oireellista, että eettisistä arvoista piittaamaton kuluttaja hyötyy siitä, että toinen kuluttaja edustaa eettisesti vahvaa ajattelua eikä osta huonomaineisen yrityksen tuotetta. Piittaamaton kuluttaja saa sen silloin halvemmalla. Kuluttajia on siksikin vaikeata sitouttaa. *Markkinamekanismi huolehtii puutteellisesti eettisistä valinnoista.* Silti on mekanismeja, joilla on merkitystä.

## 11.1 Kuluttajien itsekunnioitus moraalin lähteenä

Pakottaako kilpailun kiristyminen vastuuttomuuteen, kuten Shleifer (2004) esitti? Näin ei välttämättä ole: yhteiskuntavastuu voi itse asiassa muuttua kilpailueduksi (Kanniainen ja Pietarila 2006; Glazer, Kanniainen ja Poutvaara 2010). Johtopäätökset riippuvat siitä, millaista ihmiskuvaa edustamme. Kanniainen-Pietarila-mallissa ihmisten itsekunnioitus nousee keskeiseksi tekijäksi. He antavat painoarvoa yrityksen imagolle ja sen taustalle olevalle yritysten eettiselle koodille. Mallissa ihmisillä on ainakin tietyssä määrin moraaliset preferenssit kuluttajina. He ovat kuitenkin heterogeenisiä; myös ostohinta ratkaisee. Yritykset kilpailevat kuluttajien sielusta eettisen koodinsa valinnalla. Vastuullista liiketoimintaa edustavalle yritykselle muodostuu kilpailuetu. Tasapaino voi olla Cournot- tai Bertrand-tyyppiä. Kilpailu voi tuottaa tasapainon, jossa kaikki yritykset omaksuvat vahvan eettisen koodin. Ehkä yllättävästi tulos syntyy vangin ongelmana: on parempi sitoutua vahvan eettisen koodin strategiaan, jos ei voi laskea sen varaan, että kilpailija jättäisi sitoutumatta kustannuksista vapaaseen opportunistiseen rooliin. Tasapainossa voi siksi käydä niin, että kumpikin yritys sitoutuu.[50]

---

50 Haapalan ja Aavameren kirja *Omatuntotalous* edustaa vahvaa puheenvuoroa ihmisten arvojen muutoksesta ja sen vaikutuksesta kansantalouteen ja yritysten toimintaan. He näkevät, että ihminen, kuluttaja, on siirtymässä vallankahvaan ja yritys kohderyhmäksi.

## 11.2 Meitä on moneksi: moralistit ja opportunistit

Glazer-Kanniainen-Poutvaara-artikkelin mallissa ihmisiä on kahdenlaisia. Moralistit eivät koskaan osta huonomaineiselta yritykseltä, ts. he boikotoivat. Moraalittomat ostavat, mutta saattavat opportunistisesti siirtyä hyvämaineisen yrityksen asiakkaiksi siitä huolimatta, että joutuvat maksamaan korkeamman hinnan. Heille opportunismi saattaa kannattaa. Jos he eivät liittyisi ostoboikottiin, heidät voitaisiin sulkea pois sosiaalisista ryhmistä, ystäväpiiristä tai seurustelumarkkinoilta. Mallissa oletetaan, että yritykset toimivat kilpailutilanteessa suhteessa toisiinsa ja valitsevat eettisen koodinsa optimaalisesti. Vahvan eettisen koodin yrityksen kustannukset ovat suuremmat. Esim. tuotannon aiheuttaman saasteen puhdistaminen maksaa. Moraaliset kuluttajat ja osa opportunisteista on kuitenkin valmis maksamaan sen tuotteesta korkeamman hinnan, kuin minkä opportunistit joutuvat maksamaan saastuttavan yrityksen tuotteesta.

Globalisoituneessa maailmassa, jossa kilpailu on kiristynyt, ei kansalaisilla silti voi olla kohtuuttomia odotuksia yritysten hyväntekeväisyydestä, eikä yritystenkään ole aihetta yrittää muuttua hyväntekeväisyyslaitoksiksi. Niiden päätehtävä on tehdä tulosta, mutta tehdä tulos vahvojen arvojen keinoin. Voiko maailmanparannus siis toimia? Glazer-Kanniainen-Poutvaara-malliin sisään rakennettujen elementtien avulla syntyy rikas analyysi. Jos ympäristövaikutuksiltaan puhdas tuotanto aiheuttaa suuret kustannukset, kumpikin yritys valitsee saastuttavan strategian, ja moraaliset kuluttajat vetäytyvät tykkänään markkinoilta. Jos puhdas tuotanto puolestaan on mahdollista kohtuullisen pienin kustannuksin, yritykset tyytyvät kustantamaan puhdistuksen ja jakamaan markkinat. Erot kyvyssä tuottaa ilman ympäristöhaittoja määrää voittojen suhteellisen tason. Puhdistuskustannusten ollessa keskitasoa ns. *sekastrategia* voi tulla optimaaliseksi. Yritykset ts. *satunnaistavat* eettisten strategiavalintojensa välillä. Tämä jättää sekä moraaliset kuluttajat että kilpailijan epätietoiseksi yrityksen todellisesta strategiasta. Syntyvä tasapaino voi tuottaa vangin ongelman siinä kiintoisassa mielessä, että yrityksen on pakko eliminoida tuotannon ympäristöhaitat, jos se uskoo kilpailijansa niin tekevän. Kummankin yrityksen voitot alenevat, mutta kilpailija ei pääse kaappaamaan koko kuluttajamarkkinoita.[51] Saastumista ei tällöin tapahdu. Tämä onnellinen lopputulos ei synny yritysten hyväntahtoisuudesta vaan siitä, että ne pelkäävät asiakkaiden siirtymistä kilpailijalle. Shleiferin argumentti siitä, että kilpailu tuhoaa etiikan, osoittautuu siis vääräksi. Jos vangin ongelman ehdot täyttyvät, yritykset investoivat kilpailusyistä puhtaaseen teknologiaan, vaikka niiden voitot alenevat.

Kuluttajaboikottiin liittyminen usein heijastaa ihmisten halua olla osa jotain ryhmää, joka kampanjoi hyvän tekemisen puolesta. Sosiaalipsykologinen kirjallisuus ryhmäidentiteetistä on lähtökohtana tuoreessa analyysissä (Kanniainen 2015). Boikottiin liittyvät haluavat tuntea voivansa vaikuttaa asioihin. Vastassa on silti sitoutumisen ongelma, jos eettisestä koodista piittaamaton yritys myy tuotettaan halvemmalla kuin eettiseen koodiin sitoutunut yritys. Ko. analyysi pureutuu myös kysymykseen siitä, millaiseksi markkinarakenne muodostuu, jos suurilla eettisestä koodista piittaamattomilla yrityksillä on suurempi todennäköisyys jäädä kiinni kuin pienillä yrityksillä. Tiedon välityksen tehokkuuden vahvistuttua nykymaailmassa tämä on luonteva olettamus. Useat tekijät vahvistavat suurten yritysten markkina-asemaa pienten yritysten kustannuksella. Niillä on pienemmät tuotannon yksikkökustannukset, jolloin ne ovat hintakilpailussa vahvempia. Niillä on myös paremmat resurssit kustantaa eettisen koodin edellyttämä teknologia. Koska suurilla yrityksillä kosketuspinta ympäröivään maailmaan on laajempi kuin pienillä, niiden kiinnijäämisriski epäeettisestä toiminnasta on myös suurempi. Tästä syystä ne todennäköisesti noudattavat eettistä koodia vahvemmin

---

51 Kummassakin tässä tarkastelluista artikkelista syntyvä tasapaino on erotteleva (*separating equilibrium*). Osoittautuu siis, että voiton maksimointi ja yritysvastuu eivät ole välttämättä toisensa poissulkevia.

kuin pienemmät yritykset. Kaikki tämä on vaston sitä käsitystä, että suuret monikansalliset yhtiöt olivat yleisesti epäeettisempiä kuin pienemmät yritykset.

> *Vaikka markkinamekanismi huolehtii puutteellisesti eettisistä valinnoista, yhteiskuntavastuu voi toimia yrityksen kilpailuetuna. Eettinen johtaminen ja voiton tekeminen eivät ole ristiriidassa keskenään. Reiluus ja yhteistyö ovat kannattava investointikohde.*

Vaikka suurin osa ihmisistä olisi huolissaan ilmastonmuutoksesta, sen muuttaminen ostopäätöksiksi voi silti olla hidasta. Arvoketjun portinvartijoina toimii usein yritysten kyky tarjota paremmin kuluttajien mieltymyksiä vastaavaa tuotetta. On vastuullista toimintaa etsiä piilevää kysyntää luomalla uusia tuotteita ja palveluita, jotka paremmin vastaavat myönteisiin ympäristöasenteisiin. Aivan helppo tehtävä tämä ei ole. Tähän sopiikin ote *Etiikka ja talous* -kurssini eräästä kurssiesseestä. Eero Pulkkinen (2014) kirjoittaa:

> *Yritysvastuun hyödyntämisessä kilpailuedun hankkimiseksi on kuitenkin omat haasteesta ja ongelmansa. Vastuullisuus on vaikea asia. Ongelma ei suinkaan ole siinä, etteivätkö yritykset ja niissä päätöksiä tekevät ihmiset tahtoisi tehdä hyviä asioita ympäristön, henkilöstön, asiakkaiden ja muiden sidosryhmien eteen. Haaste on siinä, että aihe on niin laaja ja suurimmalle osalle yrityspäättäjistä enemmän tai vähemmän vieras, ettei sen kaiken käsittäminen, mitä sana vastuullisuus tarkoittaa ja miten se voisi tuoda juuri meidän yrityksellemme liiketoimintahyötyjä, ole missään nimessä helppo asia.*

## 12. Sosiaalinen vastuu: kuka maksaa?

Porter ja Kramer (2011) ovat nostaneet keskusteluun jaetun arvon (shared value) käsitteen.[52] He ajattelevat, että taloudellisen arvon luominen myös yhteiskunnalle on oltava osa yritysten eettistä tehtävää. Yritys voi ts. samaan aikaan tehdä taloudellisesti hyviä ratkaisuja itsensä kannalta ja ratkaista yhteiskunnallisia haasteita. Näkemys liiketoiminnan ja yhteiskuntavastuun yhdistämisestä on sopusoinnussa sen kanssa, mitä edellä olen esittänyt. Yksi painotusero kuitenkin jää: olen korostanut sitä, että hyvää tehtäessä tarvitaan aina myös maksaja. Muutoin visio jää normatiiviseksi.

*Hyvän tekeminen maksaa – kuka sen maksaa?*
*Teetkö toiselle sen, mitä haluaisit itsellesi tehtävän – kenellä on valmius kuunnella tätä valtauskontojen kultaista sääntöä?*

On silti mahdollista, että antamani näkemys on liian neo-klassisen talousteorian henkinen ja että maailma toimisi sittenkin toisiin. Palataan alussa käsittelemääni patruunoiden aikaan. Kysymys voidaan esittää seuraavasti: kuka lopulta maksaa, kun yritys tekee yhteistä hyvää? Oliko patruunoiden aikaan lopullisena maksajana sittenkin aina työvoima palkkatasonsa kautta? Entä nykyaikana? Vaikka patruunoiden aika on taakse jäänyttä elämää, yritykset rahoittavat tänä päivänä työntekijöidensä työterveyshuoltoa, maksavat sairastuneen työntekijän palkan, sallivat vanhempien jäädä kotiin hoitamaan sairastunutta lastaan, myöntävät työntekijöilleen liikunta-, kulttuuri- ja työmatkaseteleitä jne. Nämä

---

52 Suomessa tästä on kirjoittanut Kaskinen (2012). Aikaisemmista puheen-vuoroista voidaan nostaa esiin Aaltonen ja Junkkari (2000).

ovat osittain lakisääteisiä menoja, ja veronmaksajat toimivat siten osaltaan rahoittajina. Entä loppuosa? Heijastuvatko ne palkkatasoa alentavana? Mikä on niiden lopullinen *kohtaanto*? Kysymys on empiirinen. Emme varmuudella tiedä. Ilmeisesti merkittävä osa jää yritysten (lue: niiden osakkeenomistajien) maksettavaksi. Siinäkin tapauksessa maksajaksi voi tulla työvoima, jos ko. kustannukset heijastuvat työn kysyntää alentavana. Silti on aiheellista palauttaa mieliin tehokkuuspalkkahypoteesi. Se sanoo, että yrityksillä ei välttämättä ole kannustinta vierittää ko. kustannuksia täysimääräisesti työntekijöidensä palkkoihin. On ts. ajateltu, että palkanmaksussa koettu reiluus kasvattaa työvoiman lojaalisuutta yritystä kohtaan, mikä vahvistaa työn tuottavuutta. Sijoitus työvoimaan tuo osan kustannuksista takaisin parempana työviihtyvyytenä ja vahvistuvana motivaationa. Se saattaa sitä kautta tuoda myös kilpailuetua. Jotta vaikutussuhteen koko kompleksisuus kuitenkin paljastuisi, on myös syytä huomauttaa, että ilmaiseksi koettu etuus myös pyrkii synnyttämään moraalikatoa. Se voi johtaa siihen, että etua (esim. työsuhdeterveydenhuolto) käytetään myös tarpeettomasti.

---

*Vihje yritysjohtajille: Sijoitus työvoimaan tuo osan kustannuksista takaisin parempana työviihtyvyytenä ja vahvistuvana motivaationa! Kannattaisiko välillä kysyä työntekijöitä, mitä mieltä nämä ovat yrityksen tulevista ratkaisuista.*

## 13. Onko yritysten yhteiskuntavastuu siis hyvinvointia vahvistava?

Otsikon kysymys on oleellinen. Yhteiskuntavastuuta voiton tavoittelun ohella voidaan vaatia tai vaalia vain, jos se kasvattaa kokonaishyvinvointia. Tältä osin on kahdenlaisia tuloksia raportoitavissa. Besley ja Ghatak (2007) korostivat sitä, että yrityksiltä voidaan odottaa yhteiskunnallista vastuuta vain, jos yhteiskunta tahollaan epäonnistuu tuottamaan sosiaalista pääomaa. Jos siis yhteiskunnan kyky tuottaa hyvinvoinnin maksimaalinen taso ("first-best") on rajoitettu, yrityssektori (markkinatalous) voidaan kutsua apuun ikään kuin vapaapalokunnaksi. Heidän mallissaan osoittautuu, että yritysten tuottama yhteinen hyvä täyttää siksi Pareto-parannuksen ominaisuuden ja on kokonaishyvinvointia vahvistava. Tämä tarkoittaa sitä, että joidenkin taloudenpitäjien hyvinvointi vahvistuu, eikä kenenkään heikkene. Tämän mukaan yritysten yhteiskuntavastuu on nähtävä laajempana kuin mihin Friedman (1970) sen rajasi. Logiikka on kuitenkin monimutkaisempi, kun kysymme, kuka maksaa hyvän tekemiseen liittyvät kulut. Besley-Ghatak-mallin tulos edellyttää – yllätys yllätys – että maksajiksi löytyy kuluttajia, jotka suostuvat maksamaan yhteistä hyvää tuottavan tuotteesta ylihintaa. Yritysten voittoja yhteiskuntavastuuseen osallistuminen ei silloin heikennä. Hyvän tekeminen on osa voiton maksimointia – Friedman oli sittenkin oikeassa.

Besley-Ghatak-tulos kuitenkin pätee vain kilpailullisen tasapainon tapauksessa. Edes siinä "first-best", hyvinvoinnin maksimi, ei ole saavutettavissa samasta syystä, kuin miksi vapaaehtoisuuteen perustuvien julkishyödykkeiden osalta on alitarjontaa: aina löytyy kansalaisista vapaamatkustajia. Heidän mallissaan (kuin myös eittämättä reaalimaailmassa) onkin kuluttajia, jotka eivät yhteisestä hyvästä ole valmiita maksamaan. Ongelma ei ole yritysten voiton maksimointihalu vaan vapaamatkustajina toimivien kansalaisten haluttomuus sitoutua yhteiseen hyvään.

Glazer-Kanniainen-Poutvaara-mallissa sen sijaan yritysten yhteis-kuntavastuu ei ole Pareto-parannus, vaikka on myös kokonaishy-vinvointia vahvistava. Pareto-parannusta ei tapahdu, mikä johtuu siitä, että malli on epätäydellisen kilpailun malli. Yhteiskunta-vastuu toteutuu (separoivana, erittelevänä tasapainona), mutta tasapainossa yritysten voitot pienenevät. Maksumiehiksi joutu-vat tällöin yritysten osakkeenomistajat. Koska mallissa on myös moraalisia kuluttajia, kuluttajien ylijäämä kuitenkin vahvistuu, mikä heijastuu kokonaishyvinvoinnin kasvuna. Mallien viestin vertaaminen palautuu siten kysymykseen: mikä on yritysten markkina-asema?

Tämän jakson argumentaatio on valitettavan vaikeaselkoinen. Se johtuu ongelman luonteesta. Olemme kuitenkin taloustieteel-lisen hyvinvointianalyysin avulla kyenneet kohtuullisen yleista-juisesti ottamaan kantaa siihen, miten Friedmanin lausuntoa tule arvioida. Sen tiivistämiseksi on syytä muistaa, että Friedmanin lausunto oli normatiivinen. Tämän kirjan analyysi ei ole norma-tiivinen. Kirja päätyy luontevaan johtopäätökseen, jonka mukaan yritysten sitoutuminen yhteiskuntavastuuseen on hyvinvointia vahvistava ja siksi toivottava tilanteessa, jossa yhteiskunta ei tähän pysty. Kilpailullisilla markkinoilla se ei johda yritysten voittojen vähenemiseen, mutta ehtona on, että on kansalaisia, joilla on mo-raaliset preferenssit ja jotka ovat valmiit valitsemaan vastuullisten yritysten tuotteita. Myös vähemmän kilpailullisilla markkinoilla yhteiskuntavastuuseen sitoutuminen vahvistaa hyvinvointia, mutta kuitenkin johtaa voittojen heikkenemiseen.

## 14. Markkinoiden toinen osapuoli: missä on ay-liikkeen yhteiskuntavastuu?

Talouden toimijoista edellä on keskitytty liikkeenjohtoon. Maissa, joissa on vahva ay-liike, kuten Suomessa, yritysjohto joutuu kuitenkin kamppailemaan työmarkkinoiden sisäpiiriläisten (työllistetyn työvoiman) etuja puolustavan ay-liikkeen kanssa. Tällä on merkitystä, kun yrityksiltä edellytetään yhteiskuntavastuuta. Edellä viittasin Kemijärven tehtaan irtisanomisiin. Työntekijöiden osalta Kemijärven tapaukseen liittyy kaksi näkökulmaa: 1) ihmiset eivät ole osanneet ennustaa työsuhteensa pituutta toisen globalisaatioaallon tultua 1980-luvulta lähtien. Siihen ei myöskään kyennyt yritysjohto. Kenellä siis on vastuu tästä ei-ennustettavuudesta? 2) Paperiteollisuus on tyyppiesimerkki ns. *hold-up*-ongelmasta. Yritys ja sen työllistämä työvoima elävät suhteessa, jossa toinen osapuoli joutuu tekemään mittavan spesifisen investoinnin, ja sen tehtään toinen osapuoli alkaa kiristää. Metsäteollisuus on ulosliputtanut Suomesta monesta syystä. Yksi on Paperiliiton aggressiivinen edunvalvonta ja metsäteollisuuden nöyryyttäminen. Miljardi-investointiin sitoutuneen yrityksen paperikonetta seisotetaan ja kiristetään lisäetuuksia.[53]

Kuljetusala on tyypillisesti ollut herkkä yrityksen tai koko toimialan pysäyttävälle – yleensä laittomalle – työnseisaukselle. Etenkin auto- ja kuljetusalan työntekijäliitto AKT on käyttänyt lakkoasetta. Tämä on aiheuttanut haitallisia ulkoisvaikutuksia läpi kansantalouden. Vastaavaa esimerkkiä edustavat lentoyhtiö Finnairin henkilöstön työtaistelut tilanteessa, jossa toimialan sisäinen kilpailu lentoyhtiöiden kesken on rajua. Lentäjät ja lentoemännät ovat tuhonneet paitsi yhtiön taloutta ja mainetta

---

53 Palkkaneuvottelun ongelmaa peruuttamattoman investoinnin tehneen yrityksen tapauksessa analysoi ensimmäisenä Grout (1984).

ulkomaisten matkailijoiden silmissä myös pilanneet tuhansien lomanviettäjien lomat ja matkailuyrittäjien toimintaedellytyksiä.[54]

54 Kuljetusalan voimannäytöt ovat mahdollisia vain verottajan avustuksella: toisin kuin muissa maissa, Suomessa liittojen jäsenyys on verotuksellisesti subventoitua.

## 15. Lopuksi: ihminen saa sellaisen maailman kuin hän ansaitsee

Eettisten arvojen läpimurto talouselämässä edellyttää tukea kuluttajilta. Se voi olla vaikeata, ei vain siksi, että tuotteet ovat komplisoituja ja niihin käytetyn materiaalin (esim. mineraalien) alkuperää on kovin vaikea jäljittää. Kuluttajat myös sijaitsevat eri puolilla maapalloa ja tuotteiden elinkaari voi olla lyhyt. Miksi sitoutua ostamaan kalliimpaa tuotetta hyvämaineiselta yritykseltä, kun ei ole varmuutta siitä, että muut kuluttajat tekevät samoin?

Vahvasti kilpailuilla aloilla yritysimago on silti tärkeä. Maineen luominen tapahtuu hitaasti, mutta sen voi hetkessä menettää. Internet on tehokas tiedonvälittäjä tämän päivän maailmassa. Sellaista ei aikaisemmin ollut. Kehitysmaissa toimiminen tarjoaa kiusauksia. Maineestaan tarkka yritys osaa ne välttää. Länsimaiden työntekijät ja kuluttajat vastustavat tuotantolaitosten siirtämistä kehitysmaihin. Onko kyse kuitenkaan altruismista? Onko kyse siitä, että länsimaiden työntekijät suojelevat näin ennen muuta omia työpaikkojaan? Kansalaisten tahto realisoituu heidän kulutuspäätöksissään. He ostavat tuotteita, vaikka tietävät niiden tuottamisen saastuttavan. Nuoriso ei ole tässä suhteessa aikaisempia sukupolvia arvoiltaan vahvempi.

Vahvan yritysetiikan vienti kehittyviin talouksiin toisaalta on *parasta globaalia vastuuta*, mitä yritys voi toteuttaa. Ja sitä ne ovat jo toteuttamassa. Merkittävistä skandaaleista ei ole enää kuultu. Yhä harvemmin läntiset suuryhtiöt ovat jääneet kiinni esim. lapsityövoiman käytöstä tai ympäristön hallitsemattomasta turmelemisesta. Yritykset ovat tiedostaneet tarpeensa signaloida yhteiskunnalle, että ne käyttäytyvät vastuullisesti. Tiedonvälityksen kehittyessä imago on yhä tärkeämpi kilpailukeino.

> *Vahvan yritysetiikan vienti kehittyviin talouksiin on parasta globaalia vastuuta, mitä yritys voi toteuttaa.*

Internetin aikakaudella tiedonvälitys on ylikansallista, nopeaa ja eettistä kuria luovaa. Normien rikkojat pääsevät julkisuuteen aikaisempaa nopeammin ja räikeämmin. Se onkin maailmanparannusohjelman peruslähtökohta. Vastuu on viime kädessä ihmisillä kuluttajina ja kansalaisina. He voivat edistää hyviä arvoja ja eliminoida huonoja. Ei silti ole varmaa sekään, että meidän arvomme kuluttajina olisivat aina edistämisen arvoisia. Voi olla uskaliasta luottaa markkinoihin arvojen muodostajana. Ihminen on altis aivopesulle. Niin hyvät kuin haitallisetkin meemit valtaavat aivomme huippunopeasti ja saavat joukkoja liikkeelle niin hyvässä kuin pahassa. Ihminen saa sellaisen maailman kuin hän ansaitsee.

> *Ihminen saa sellaisen maailman kuin hän ansaitsee.*

# Liite 1. Waldénin aikaan

Laulu- ja harmonikkataiteilija Hannu Seppänen laulaa levyllään
"Ajan virtaa" laulussaan *Waldénin aikaan* seuraavasti:[55]

*Kun tulin tonne tehtaasee mie muistan aina sen*
*kun ensi kertaa seisoin koneellain*
*Se saapu siihe yllättäin ja kättä paiskaten*
*ol heti mulle 'Juuso vain'*

*No kaikkihaa tuns Juuson ja sen vanhan lippalakin*
*ja missä vaan myö nähtii tehtaan ulkopuolellakin*
*nii hetki siinä aina haasteltiin*
*ja kuulumisii vaihdettii*

*Niin oli siihen aikaan*
*Valteenin aikaan*

*No silloin ol se pomoporras tiukempi kuin nyt*
*ja työssäkii ol vahti kovempi.*
*Mut Juusohaa meit työläisii ei niinkää tyrkkinyt*
*se herroja vaan komensi*

*Ja väki myöskii kunnioitti tehtaan 'vanhaa isää'*
*vaik ainahaa nyt joku tahto taskurahaa lisää*
*Mut työväki palkkoih ei puuttunnu*
*kun Juuso siit ois suuttunnu*

*Ei täällä purnattu lainkaan*
*Valteenin aikaan*

---

55 Julkaistaan tekijän luvalla.

61

*Perhettä kun perustin niin silloin totta kai,*
*ol sodan jälkee raha tarkalla*
*Mut Juuso taas meit avusti ja rakentaja sai*
*sen tehtaan tontin markalla*

*Väen pitää viihtyä – se oli Juuson kanta*
*ja meille tehtii seuratalo sekä kesäranta*
*ja urheilukentät ja monet muut*
*ja istutettii kukat sekä puut*

*Oiskohaa koko paikkaa*
*ilman Valteenin aikaa*

*Nyt epäilijä hymyilee ja miettii kukaties*
*eiks meilt Juuson aikan mitää puuttunnu*
*No, Juuson pallokentält puuttu tehtaan rautatie*
*maisema on muuttunnu:*

*Ei valopylväät vartioinnu silloin tehtaan maita*
*ja puuttu niitten ympäriltä myös toi verkkoaita*
*Ja ei niitä varmaan nytkään ois*
*jos ei Juuso ois muuttannu pois*

*Kun ei niitä tarvittu lainkaan*
*Valteenin aikaan*

*Meinaan eihän myö tarvittu aitaa*
*Valteenin aikaan*

# Liite 2. Luottamuspääoman merkitys taloudessa: "Mickey Mouse" -malli

Tarkastelen luottamuspääoman säilyvyyttä ja tuhoutumista kahden taloudenpitäjän, i = 1,2 toistetun jakopelin avulla. He toimivat taloudellisessa tai sosiaalisessa vuorovaikutussuhteessa. Sitä voi edustaa mikä tahansa taloussuhde, yhteisyritys, perhe, puolisoiden suhde jne. Käytän luottamuspelin formuloimisessa helppoa matemaattista esitystä, niin helppoa, että sille sopii luonnehdinta "Mickey Mouse" -malli.[56] Syntyvää resurssia, arvonlisää, merkitsen symbolilla $R$. Taloudenpitäjien välillä on implisiittinen sopimus siitä, miten yhteistyöllä syntyvä arvonlisä heidän kesken jaetaan, ts. mikä osuus ($a$, 1-$a$) kummallekin osapuolelle kuuluu.

Yhteisössä vallitsevan luottamuksen merkitystä hyvinvoinnin kannalta voi kvantitatiivisesti arvioida seuraavalla tavalla. Kullakin jaksolla osapuolet tuottavat yhdessä resurssin investoimalla määrät ($e_1 \geq 0$, $e_2 \geq 0$). Jotta yhteistyö olisi edullista, ts. tuottaisi yhdessä tuotettuna enemmän arvonlisää kuin yksin tuotettaessa, investointiin tulee liittyä komplementaarista vaikutusta. Kokonaisuuden on oltava suurempi kuin osiensa summa. Mallinnan tämän siten, että resurssia syntyy määrä

$$R = e_1 + e_2 + \beta e_1 e_2.$$

Vakio $\beta > 0$ kuvaa yhteistyön hyödyllisyyttä. Jos investointikustannus on kvadraattinen eli kiihtyvästi kasvava sitoutuvan resurssin myötä, se voidaan esittää muodossa

$$c_1 = \frac{1}{2}e_1^2, c_2 = \frac{1}{2}e_2^2.$$

---

56 Vaihtoehtoinen nimi olisi "Kindergarten approach".

Jos kumpikin osapuoli päättää investoida, yhteisön kannalta on optimaalista, että osapuolet investoivat enemmän kuin yhden yksikön,

$$e_1 = e_2 = \frac{1+\beta}{1-\beta^2} > 1.^{57}$$

Jaettavaa resurssia syntyy siis määrä, joka on suurempi kuin 2,

$$R = \frac{2(1+\beta)}{1-\beta^2} + \beta \left( \frac{1+\beta}{1-\beta^2} \right)^2 > 2.$$

Yksin toteutettuna kumpikin investoisi pienemmän määrän, $e_1 = e_2 = 1$ ja syntyvä arvonlisä olisi pienempi, $R = 2$. Tästä nähdään luottamuspääoman tärkeä rooli. Jos kumpikin osapuoli voi luottaa kumppaniinsa, yhteistyö tuottaa suuremman arvonlisän.[58] Arvonlisän suuruus riippuu yhteistyön tärkeydestä $\beta$, mikä näkyy alla olevasta taulukosta.

---

57 Tähän tulokseen päätyminen edellyttää hyvinvoinnin maksimin löytämistä. Kun yhteistyön hyvinvointivaikutus kirjoitetaan muodossa

$$W = R - \frac{1}{2}e_1^2 - \frac{1}{2}e_2^2$$

ja haetaan sen korkein kohta lukion algebralla (derivoimalla kummankin päätösmuuttujan suhteen), saadaan tekstissä esitetty tulos.

58 Taloustieteen kielellä ilmaistuna tämä edustaa Pareto-tehokasta lopputulosta. Tämän tärkeän tehokkuuskriteerin mukaan kummankaan osapuolen hyvinvointia ei voi kasvattaa heikentämättä toisen osapuolen hyvinvointia.

Taulukko 1. Luottamus rakentaa yhteistyötä, yhteistyö kasvattaa arvonlisää.

| Yhteistyön merkitys: $\beta$ | Optimi-investointi: $e_1, e_2$ | Syntyvä arvonlisä: $R$ |
|---|---|---|
| $\beta = 0$ | $e_1 = e_2 = 1$ | $R = 2$ |
| $\beta = 0.1$ | $e_1 = e_2 = 1.11$ | $R = 2.34$ |
| $\beta = 0.2$ | $e_1 = e_2 = 1.25$ | $R = 2.81$ |
| $\beta = 0.5$ | $e_1 = e_2 = 2$ | $R = 6$ |

Yllä on tarkasteltu yhden jakson kestävää yhteistyötä. Jos suhde jatkuu pidempään, esim. ikuisesti, jaettavan arvonlisän nykyarvo on toki suurempi,

$$R = \frac{2(1+\beta)}{1-\beta^2} \frac{1}{r},$$

jossa $r > 0$ edustaa aikapreferenssiä.[59] Niinpä jos $\beta = 0.2$ ja korkokanta $r = 0.10$ jaettava arvonlisä on niinkin suuri kuin 25.

Kullakin jaksolla kummallakin osapuolella on kuitenkin optio petkuttamiseen ja opportunismiin viemällä koko syntyvä arvonlisä $R$ itselleen, jolloin toiselle ei jää mitään. Kyseessä on talous- ja yhteiskuntatieteissä paljon tutkittu *vangin ongelma*. Yhteistyötä ei voisi luottamuksen puuttuessa syntyä. Jokainen olisi oman onnensa seppä. Vangin ongelmaa on totuttu kuvaamaan seuraavalla pelimatriisilla:

---

59 Nykyarvo on kaikkien tulevien arvonlisien summa alenevin diskonttauspainoin, jotka määrää aikapreferenssi (korkotekijä).

Taulukko 2. Vangin ongelma pelimatriisina, kun $\beta = 0.2$

Toimijan 2 valinta

| | | yhteistyö | opportunismi |
|---|---|---|---|
| Toimijan 1 valinta | yhteistyö | (1.40, 1.40) | (0, 2.81) |
| | opportunismi | (2.81, 0) | (1, 1) |

Opportunisti voi onnistua viemään itselleen koko arvonlisän. Luottamuksen puuttuessa yhteistyöhön sitoutuminen ei ole mahdollista, ja lopputulos on huonoin mahdollinen.

*Opportunismi: kun kiusaus tekee varkaan*

Hyvä normitasapaino voi silti säilyä, kun vuorovaikutus on toistuvaa ja kun tasapainoa voi tukea rangaistustrategioilla. Opportunismi puolestaan johtaa sosiaalisen pääoman tuhoutumiseen. Oletetaan, että tuhoutuminen on lopullista, vaikka myös paluu sovintoon ja anteeksiantoon on mahdollinen ja osa inhimillistä toimintaa.[60] Ratkaistaan mallista seuraavaksi opportunismin kynnys. Toistettujen pelien teorian mukaan sopimuksessa pysymiseen liittyvän (diskontatun) hyödyn tulee ylittää opportunismin tuotto kummallekin pelaajalle

$$aR + \left(\frac{1}{1+r}\right)aR + \left(\frac{1}{1+r}\right)^2 aR + ... \geq R + 0$$

---

60 Anteeksiannon idea löytyy jo *Isä meidän* -rukouksesta: *"Ja anna meille meidän syntimme anteeksi, niin kuin mekin anteeksi annamme niille, jotka ovat meitä vastaan rikkoneet."* Kartelliteorian tunnistamat hintasodatkaan eivät ole pysyviä, vaan (kiellettyyn) yhteistyöhön on kannustin palata.

$$(1-a)R + \left(\frac{1}{1+r}\right)(1-a)aR + \left(\frac{1}{1+r}\right)^2 (1-a)R + ... \geq R + 0.$$

Parametri $0 < a < 1$ on edellä määritelty jakosuhde. Epäyhtälöiden vasemmat puolet kuvaavat diskontattua tuottoa sosiaalisessa sopimuksessa pitäydyttäessä, oikeat puolet tuottoa opportunismista. Nähdään, että opportunismin kannustin on siis suurempi jäsenellä, jonka tulo-osuus on pienempi. Nähdään myös, että luottamuspääoman tuhoamisella on negatiivinen ulkoisvaikutus yhteisön toisen jäsenen hyvinvointiin.

> *Ihmisessä elää halu toimia oikein, mutta hän on opportunisti.*

Edellä asetetut ehdot voidaan ratkaista geometrisen summakaavan avulla muotoon:

$$a > r, \quad 1 - a > r.$$

Opportunismin kannustin voidaan siis ilmaista aikapreferenssin $r$ avulla. Jos siis sovittu jako-osuus ylittää diskonttokoron, sosiaalinen sopimus on vakaa. Syntyy kaksi mahdollista tapausta: 1) kumpikin ehto on voimassa ja talouden luottamuspääoma säilyy, 2) jompikumpi ehto ei ole voimassa ja luottamuspääoma tuhoutuu.[61] Kiintoisa on niin ikään havainto, jonka mukaan

---

61 Mallimme olettaa, että yhteistyön kesto on "ääretön", jos kumpikaan ei huijaa. Hyvän tasapainon säilyvyys on tällöin ns. *folk*-teoreeman mukainen. Jos A ja B kohtaavat vain kerran, mutta kohtaavat sen jälkeen C:n ja D:n, maine seuraa mukana ja hyvä tasapaino voi säilyä myös tällöin. Epävarmuus yhteistyön kestosta niin ikään edesauttaa hyvän tasapainon säilymistä. Jos

opportunismin kannustin ei riipu arvonlisän $R$ suuruudesta. Kiintoisa on myös havainto, että vaikka oma kannustinehto olisi voimassa, yhteistyökumppani voi odottaa, että toinen tekee opportunistisen ratkaisun. Tällöin myös hänen kannattaa sellaiseen ryhtyä. Opportunismin määrää siten paitsi oma kannustinehto myös se, odottaako henkilö toisen toimivan ei-opportunistisesti tai opportunistisesti.[62]

*Omatunto yhteistyösuhteen tukena*

Oletetaan seuraavaksi, että ihmisillä on omatunto, joka rankaisee, kun hän toimii opportunistisesti. Olkoon kustannus petturuudesta suuri $(H)$ tai pieni $(L)$, $c^H > c^L$, mutta niin, että se on yksityistä informaatiota petturille. Tällöin vastapuolen tulee tehdä päätelmänsä potentiaalisen kumppanin luotettavuudesta odotusarvon pohjalta. Olkoon $0 < q < 1$ hänen muodostamansa todennäköisyys sille, että vastapuolella on vahva omatunto, jolloin todennäköisyydellä 1- $q$ se on heikko. Opportunismin kiusaus vältetään, jos seuraavat neljä ehtoa ovat voimassa:

Toimijan A näkökulmasta:

$$\frac{a}{r}R > R - c^A$$

$$\frac{1-a}{r}R > R - \left[ qc^H + (1-q)c^L \right]$$

---

taas huijarille annetaan anteeksi ja pyritään uudistamaan yhteistyö, hyvän tasapainon säilymisedellytykset kuitenkin rapisevat. Voi myös olla epävarmuutta siitä, onko kakun vienyt varas vai sittenkin partneri. Tällöin on aihetta rangaista ainakin tilapäisesti mutta sittemmin antaa anteeksi.

62 Huomautettakoon, että tässä kehitelty ajattelu sopii muidenkin yhteisyritystilanteiden analysointiin. Parisuhde on erinomainen esimerkki tällaisesta.

Toimijan B näkökulmasta:

$$\frac{1-a}{r}R > R - c^B$$

$$\frac{a}{r}R > R - \left[ qc^H + (1-q)c^L \right].$$

Jotta opportunismin kannustin vältetään, kannattaa siis antaa periksi ja sallia toiselle suurempi osa arvonlisästä, jotta tämä kannustinehto odotusarvomielessä pysyisi voimassa.

# Liite 3. Omistusoikeuksien vakiintuminen Englannissa uuden ajan alussa

Englannin vahvan talouskehityksen taustalla uuden ajan alussa oli maata koskevien omistusoikeuksien vakiintuminen maassa, mikä seurasi kuninkaan vallan rajoittamisesta. Englanti oli pitkään elänyt mielivaltaisen kuningasvallan alla mutta siirtyi mainion vallankumouksen myötä 1689 perustuslailliseksi kuningaskunnaksi. Kun Lancasterin ja Yorkin sukujen väliset, sittemmin "ruusujen sotana" tunnetut aateliston sisäiset valtataistelut (1455–1485) olivat päättyneet, Tudor-suku (Henrik VII) oli noussut valtaan yhdistäen kilpailleet suvut. Suvun valtakauden pituudeksi tuli 118 vuotta.

Henrik VII peri köyhän valtion, joka oli heikentynyt ruusujen sotien myötä. Hän jatkoi aatelisten eliminoimista, heidän maaomaisuutensa mielivaltaista haltuun ottoa ja sen myymistä valtansa säilyttämiseksi. Maata kuitenkin sen seurauksena tuli markkinoille myyntiin suuria määriä, ja siihen liittyi jälleenmyyntioikeus. Näin osaavilla viljelijöille syntyi kannustin ostaa ja heikommin osaaville myydä maata. Myös vaurastuneita lakimiehiä ja kauppiaita siirtyi maan ostajiksi. Seuraavan hallitsijan Henrik VIII:n aikana myös kirkolta vietiin maaomaisuus.

Tudorien jälkeen vuonna 1603 valtaan noussut Skotlannin hallitsija-suku jatkoi mielivaltaista hallitsemista kieltäytyen velkojensa maksusta pankeille. Heidän aikaan Englannissa käytiin sisällissota, joka oli sarja aseellisia yhteenottoja parlamentaristien ja rojalistien välillä vuosina 1642–1651. Se johti kuningas Kaarle I:n mestaamiseen ja Englannin julistamiseen tasavallaksi ja sitten Oliver Cromwellin hallitsemaksi lordiprotektoraatiksi. Poliittisesti sisällissota merkitsisi sitä, etteivät kuninkaat voineet enää hallita ilman parlamenttia, joskin asia vahvistui vasta mainiossa vallankumouksessa myöhemmin samalla vuosisadalla.

71

Mainiossa vallankumouksessa v. 1688 Stuart-kuningas James II syrjäytettiin, ja uudet hallitsijat (Maria II ja Vilhelm) suostuivat kuninkaan vallan rajoittamiseen ja parlamentin vallan vakiinnuttamiseen (Oikeuksien Julkistus, *Declaration of Rights*).

Englannin kehitykseen viitaten Rajan ja Zingales (2003) osoittavat omistusoikeuksien merkityksen talouden kehitykselle. Kuninkaan mielivallan rajoittaminen ja parlamentin vallan kasvattaminen merkitsivät taloudellisesti ratkaisevaa askelta: syntyi omaisuuden turva ja sopimusten turva. Mikä on opetus? 1800-luvulla Englanti oli vaurain Länsi-Euroopan maa. On parempi, että maa on osaavien viljelijöiden käsissä ja on viisaampaa verottaa osaavien viljelijöiden käsissä olevaa maaomaisuutta kuin se heiltä väkisin viedä.

Englannin talouskehityksen kuvaus ei kuitenkaan ole täydellinen, ellei siihen liitetä maan teollistumista ja työläiskurjaliston syntymistä 1600-luvulta lähtien. Kun maataloudessa tarvittavan työvoiman määrä alkoi vähentyä, sen tuli siksi hakeutua kaupunkeihin ja pyrkiä löytämän työtä teollisen toiminnan piiristä. Tieteenalamme perustaja Adam Smith ja sittemmin David Ricardo olivat jo ennen Karl Marxia kuvanneet työväenluokan heikkoja oloja. Matalat palkat heijastavat työn ylitarjontaa. Työn tarjoajia (yrityksiä) olikin vähän ja työtä tarvitsevia runsaasti. Adam Smith näki työväestön köyhyyden 1700-luvulla ja hän päätteli palkkojen sopeutuvan tasolle, jolla työväki juuri ja juuri tulee toimeen (palkkojen subsistenssitaso). 1800-luvulla Karl Marxin aikana Britannia oli kuitenkin noussut Euroopan johtavaksi taloudeksi ja reaalipalkat olivat korkeammat. Hoffman, Jacks, Levin ja Lindert (2002) raportoivat, että vuosien 1500 ja 1815 välillä peruselintarvikkeiden suhteelliset hinnat olivat nousseet koko Euroopassa heikentäen köyhien elintasoa. Rikkaiden elintaso puolestaan nousi. He omistivat maan, ja runsaasti pienipalkkaista palveluväkeä työllistävinä hyötyen reaalipalkkojen alenemisesta. Vuosien 1815–1914 välisenä aikana tilanne oli kuitenkin jo kääntynyt. Reaalipalkat olivat nousseet ja palveluväkeä tuli kalliimmaksi työllistää. Britannia puolestaan oli johtava maa taloudeltaan 1800-luvun alussa teollistumisen käynnistyttyä. Jo 1600-luvulla Lontoon työläisten palkat olivat ylittäneet palkat Amsterdamissa tai Pariisissa ja kuilu sittemmin vain kasvoi.[63] Samalla Britannian maataloussektori oli jo selvästi pienempi kuin Euroopan vertailumaissa ja urbanisoituminen pidemmällä. Silti maatalouden työntekijöiden palkat olivat matalat, ja heidän työllistymisensä kärsi avomaan aitauksen lisääntymisestä maataloudessa.[64]

63 Exceptionalism and Industrialization. Britain and Its European Rivals 1688-1815, edit. by De La Escosura, Leandro Prados, Cambridge, 2004.
64 Snell, K.D.M., *Annals of the Labouring Poor. Social Change and Agrarian England 1660-1900*, Cambridge University Press 1985.

# Liite 4. Kirjassa käytettyjä käsitteitä

**Julkishyödyke.** Julkishyödykkeille on ominaista, että niitä voivat kaikki kuluttaa yhtä aikaa toisin kuin yksityishyödykkeitä. Niinpä tavanomaisen hyödykkeen kulutus sulkee pois sen, että joku toinen voisi samaan aikaan kuluttaa ko. hyödykettä (esim. syödä *samaa* leipää). Tavallisilla hyödykkeillä on markkinahinta, jos niille on kysyntää. Kun hinta on positiivinen, niille löytyy myös tuottajia. Julkishyödykkeillä poissulkevuus sen sijaan ei ole mahdollista. Kun puolustusvoimat turvaavat yhden kansalaisen turvallisuuden, ne samalla turvaavat sen automaattisesti myös kaikille muille kansalaisille. Siksi haluaisimme, että joku toinen rahoittaisi julkishyödykkeiden tuottamisen meidän puolestamme (*vapaamatkustajuuskannustin*). Toki monissa maissa on myös yksityisiä rautateitä ja maanteitä, mutta varsin niukalti. Jos kukaan ei suostuisi rahoittajaksi, ne jäisivät tuottamatta. Puolustusta, poliisia, oikeuslaitosta, tiestöä jne. kuitenkin tarvitaan. Ne rahoitetaan veroilla, jolloin jokaisen on pakko osallistua rahoittamiseen. Tieto (muu kuin patenteilla suojattu) on samalla tavalla julkishyödyke kuin yllä mainitut. Vaikka vain jotkut meistä tuntevat taloustieteen tai evoluutiobiologian viimeisimmät tutkimustulokset, ne ovat kaikkien muidenkin käytettävissä. Tieteellinen perustutkimus tähtää tietoon, joka on vapaasti kaikkien saatavilla. Siksi sille ei helpolla löydy yksityisiä rahoittajia; näin julkinen sektori nousee luontevaksi perustutkimuksen rahoittajaksi.

**Kapitalismi.** Kapitalistinen talousjärjestelmä on määriteltävissä muutaman avainkäsitteen avulla. Ensiksi, tarvitaan vapaa sopimisen oikeus taloudellisissa suhteissa. Toiseksi tarvitaan omistuksen suoja. Kolmanneksi tarvitaan rajoitetun vastuun periaate rahoitussopimuksissa.

**Luottamuspääoma, sosiaalinen pääoma, sosiaaliset normit.** Kansantalouden pääomista tärkein on luottamuspääoma. Se on

75

osa yleistä sosiaalista pääomaa, ja se heijastaa yhteisön sisäistä sosiaalista sopimusta siitä, mitä normeja meidän odotetaan kunnioittavan

**Pareto-tehokas.** Talouden tilan sanotaan toteuttavan Pareto-tehokkuuden, jos kenenkään hyvinvointia ei ole mahdollista vahvistaa heikentämättä jonkun toisen hyvinvointia.

**Peliteoria.** Peliteoria on analyysiväline, jonka avulla on tarkasteltavissa toimijoiden välistä strategista käyttäytymistä. Strategisuus viittaa siihen, että toimijoilla on mahdollisuus valita sellainen toimintastrategia, joka tuottaa heille mahdollisimman korkean hyödyn ottaen huomioon, että myös muut toimijat ovat saman valinnan edessä. Näin pelin tasapaino on ymmärrettävä valittujen strategioiden tasapainona.

**Separoiva tasapaino.** Separoivalla tasapainolla tarkoitetaan tilaa, jossa taloudelliset toimijat paljastavat valinnoillaan yksityisen tietonsa esim. kyvykkyytensä työntekijöinä.

**Vangin ongelma.** Vangin ongelma (engl. *prisoner's dilemma*) on yksi tavallisimpia peliteoreettisesti käsiteltäviä valintatilanteita. Se on kuvattavissa seuraavasti. Kaksi henkilöä on tehnyt rikoksen ja jääneet siitä kiinni. Heitä uhkaa vankeus. He ovat kuitenkin sopineet yhteisen tavan toimia: olla puhumatta kuulustelijoille mitään. Kuulustelujen alettua vangit eivät pysty kommunikoimaan keskenään. Kuulustelijat tarjoavat vasikoijalle hyvitystä ja uhkaavat hiljaisena pysyvää kovalla rangaistuksella. Jos molemmat pysyvät hiljaa, kumpikin saa rangaistukseksi vuoden vankeutta. Jos molemmat vasikoivat, kumpikin saa kaksi vuotta vankeutta. Jos vain toinen vasikoi, hän pääsee vapaaksi, ja vaiti pysynyt saa kolmen vuoden vankeusrangaistuksen. Ongelma syntyy siitä, että mitä tahansa toinen valitseekin, itselle parempi vaihtoehto on valita vasikointi. Epäiltyjen yhteisen edun mukaista olisi kuitenkin molempien vaieta. Jos toinen vanki on vaiennut, toinen saa vaikenemalla vuoden vankeutta, mutta vasikoimalla pääsee vapaaksi. Jos toinen taas on vasikoinut, toinen saa vaikenemalla kolme vuotta vankeutta ja vasikoimalla vain kaksi. Itsekäs ja omaa etua ajatteleva valitsisi siis vasikoimisen. Tämä on huonompi kuin yhteistyöllä saavutettu tulos. Dominoiva ratkaisu on siis sellainen, jossa molemmat tunnustavat, vaikka se on vankien yhteenlasketun kokonaishyödyn kannalta heikompi vaihtoehto kuin ratkaisu, jossa molemmat vaikenevat. Jos vankien välillä olisi vakaa luottamus, pelin summatulos (kummankin vangin yhteenlaskettu rangaistus) olisi korkein mahdollinen: kumpikin saavat vuoden vankeutta. Peliteorian mukaan tämä tilanne ei toteudu, mikäli peli pelataan vain kerran.

**Yhteisomistuksen tragedia.** Yhteisomistuksen ongelma on tilanne, jossa resurssien tai tuotannontekijöiden yhteisomistus johtaa niiden liikakäyttöön. Yhteistä resurssia käytettäessä toimija saa hyödyn itselleen, mutta resurssin kulutuksen haitat jakautuvat kaikkien omistajien kesken. Tämä johtaa taloudellisesti epätehokkaaseen lopputulokseen kaikkien käyttäjien näkökulmasta.

**Ulkoisvaikutus.** Ulkoisvaikutus on taloudellisen toiminnan seuraus, joka kohdistuu ulkopuoliseen toimijaan. Tyypillisin esimerkki negatiivisesta ulkoisvaikutuksesta on saastuttaminen. Positiivisia ulkoisvaikutuksia ajatellaan olevan esimerkiksi koulutuksessa. Markkinahintojen kautta meneviä vaikutuksia ei luokitella ulkoisvaikutuksiksi.

# Viittaukset

Aaltonen T. ja Junkkari, L., (2000), *Yrityksen arvot ja etiikka*, WSOY, toinen painos.

Akerlof, G.A., and Romer, P.M., (1994), *Looting: The Economic Underworld of Bankruptcy for Profit*, NBER Working Paper, No. R18869.

Axelrood, R., (1980a), "Effective Choice in the Prisoner's Dilemma", *Journal of Conflict Resolution* 24, 3–25.

Axelrood, R., (1980b), "More Effective Choice in the Prisoner's Dilemma", *Journal of Conflict Resolution* 24, 379–403.

Bagnoli, M., and Watts, S., (2003), "Selling to Socially Responsible Consumers: Competition and the Private Provision of Public Goods", *Journal of Economics & Management Strategy*, 12, 419–445.

Baumol, W.J., (1991), *Perfect Markets and Easy Virtue: Business Ethics and the Invisible Hand*, Oxford: Basic Blackwell.

Benabou, R., and Tirole, J., (2010), "Individual and Corporate Social Responsibility", *Economica*, 77, 1–19.

Berscheid, E., Boye, D., and Walster, E., (1968), "Retaliation as a Means of Re-Storing Equty", *Journal of Personality & Social Psychology*, 10(4), 370–76.

Besley, T., and Ghatal, M., (2007), "Retailing Public Goods: The Economics of Corporate Social Responsibility", *Journal of Public Economics* 91, 1645-1663.

Binmore, K., (2004), "Reciprocity and the social contract", *Politics, Philosophy and Economics*, 2004, 3, 5–35.

Binmore, K., (2005), Natural Justice, Oxford: Oxford University Press.

Björkholm, S., "Ilman moraalista paheksuntaa häikäilemättömät pääsisivät niskan päälle", Helsingin Sanomat 11.5.2015.

Bruderl, J. Preisendorfer P. ja Ziegler R. (1992), "Survival Changes of Newly Founded Business Organizations", American Sociological Review 57: 227–242.

Charness, G., Cobo-Reyes, R., Jimenez, N., Lacomba, J.A., and Lagos, F., (2012), "The Hidden Advantage of Delegation: Pareto Improvements in a Gift Exchange Game, American Economic Review, 2012, 102, 2358–2369.

Cooper, M.J., Gulen, H., and Rau, P.R., (2014), "Performance for pay. The relation between CEO incentive compensation and future stock price performance", mimeo October 2014.

Cressy, R. (1996), "Are Business Startups Debt-rationed?", The Economic Journal 106: 1253–1270.

Cressy, R. (2006), "Why do Most Firms Die Young", Small Business Economics 26: 103–116.

Doucouliagos, C., (1995), "Worker Participation and Productivity in Labor-Managed and Participatory Capitalist Firms: A META-analysis", Industrial and Labor Relations Review, 49,

Diamond, P. A., and Mirrlees, J.A., (1971), "Optimal Taxation and Public Production I: production efficiency and II: Tax Rules", American Economic Review, 61, 8-27 and 261–278.

Exceptionalism and Industrialization. Britain and Its European Rivals 1688–1815. LP de La Escosura 2004.

Fershtman, C., and Weiss, Y., (1993), "Social Status, Culture and Economics Performance", *The Economic Journal* 103, 946–959.

Frank, R.,H., (2004), *What Price the Moral High Ground?*, Princeton: Princeton University Press.

Friedman, M., (1970), "The social responsibility of business is to increase its profits", *New York Times Magazine*, 13 September, 1970.

Fuest, C., Peichl, A., and Siegloch, S., "Which Workers Bear the Burden of Corporate Taxation and Which Firms Can Pass It On? Micro Evidence from Germany", July 2012.

Glazer, A., Kanniainen, V., Poutvaara, P., (2010), "Firms' ethics, consumer boycotts, and signalling", *European Journal of Political Economy* 26, 340–350.

Green, E. and Porter, R. (1984). Non-Cooperative Collusion under Imperfect Price Information, *Econometrica*, 52, 87–100.

Grout, P.A, (1984), "Investment and Wages in the Absence of Binding Contracts: A Nash Bargaining Approach", *Econometrica*, 52, 449–460.

Haapala, J., ja Aavameri, L., (2008), *Omatuntotalous*, Talentum.

Hillman, A.J. and Keim, G.D. (2001), "Shareholder Value, Stakeholder Management, and Social Issues: What's the Bottom Line?" *Strategic Management Journal*, Vol. 22, No. 2, 125–139.

Hillman, A.L., (2009), "Expressive behaviour in economics and politics", CESifo Conference on Political Economy, Dresden, December 2009.

Hoffman, Phillip, T., Jacks, David, Levin, Patricia, A., and Lindert,

Peter, H., (2002), "Real Inequality in Europe since 1500", *The Journal of Economic History*, 322–355.

Hörner, J., (2002), "Reputation and Competition", *American Economic Review*, 92, 644–663.

Kanniainen, V., (2003), "Talouden moraali, markkinavoimat ja yritysten yhteiskuntavastuu", kirjassa *Etiikka ja talous*, toim. V. Kanniainen ja M. Sintonen, WSOY, 2003.

Kanniainen, V., and Pietarila, E., (2006), "Corporate social responsibility: can markets control?", *Homo Oeconomicus* 23, 153–179.

Kanniainen, V., ja Määttä, K., (2008), *Pienyritysten kohtaamat hallinto- ja muut sääntelykustannukset*, Joensuun yliopiston oikeustieteellisiä julkaisuja 23.

Kanniainen V., Lehtonen T., ja Mellin I., (2013), "Honeybee Economics: Implications for Ecology Policy", HECER dp N:o 363, CESifo wp N:o 4204.

Kanniainen, V., (2015), "Consumer Boycotts, Social Identity and Free Riding", (julkaisematon).

Kaskinen T., (2012), "Yritysten on tuotettava myös yhteistä hyvää", *HS* 14.7.2012.

Kitzmueller, M., and Shimshack, J., (2012), "Economic Perspectives on Corporate Social Responsibility", *Journal of Economic Literature*, 50:1, 51–84.

*Kohti yhteistä hyvää*. Suomen evankelisluterilaisen kirkon piispojen puheenvuoro hyvinvointiyhteiskunnan tulevaisuudesta, 1999.

Mata, J. ja P. Portugal (1994), Life Duration of New Firms", *Journal of Industrial Economics* 42: 227–245.

Nordaus, W.D., (2004), "Shumpeterian Profits in the American Economy: Theory and Measurement", NBER Working Paper Series No. 10433.

Porter, M., and Kramer, M.R., (2011), "Creating Shared Value", *Harvard Business Review*, January-February 2011.

Pulkkinen, E., (2014), "Yritysvastuu kilpailuedun lähteenä", Kurssiessee Etiikka ja talous -kurssilla Helsingin yliopistossa.

Rabin, Matthew, (1988), "Psychology and Economics", *Journal of Economic Literature*, XXXVI, 11–46.

Rajan, R.G., and Zingales, L., (2003), *Saving Capitalism from the Capitalists*, Random House Business Books.

Ridley,M., *Origins of Virtue*, Sane Töregård Agency. Suomennos: *Jalouden alkuperä. Epäitsekkyyden ja yhteistyön biologia*, Art House, Juva 1999.

Rotemberg, J. & Saloner, G. (1986). A Supergame-Theoretic Model of Business Cycles and Price Wars during Booms. *American Economic Review*, 76, 390–407.

Semler, R., "Creating Organizational Change Through Employee Empowered Leadership", undated.

Semler, R., (2005), "Leading by Omission", Talk at MIT.

Seppänen, E. (1995), *Punapääoman romahdus*, WSOY.

Shleifer, A., (2004), Does competition destroy ethical behavior?, *American Economic Review* 94, 414–418.

Siltala, J., (2007), *Työelämän huonontumisen lyhyt historia*, Otava.

Soikkanen, K., ja Hannula, A., (2012), "Toimitusjohtaja vaihdetaan usein liian myöhään", *Kauppalehti* 19.3.2012.

Smith, A., (1759), *The Theory of Moral Sentiments*.

Snell, K.D.M., (1985), *Annals of the Labouring Poor. Social Change and Agrarian England 1660–1900*, Cambridge University Press.

Teivainen, T., (2013), *Yritysvastuun umpikuja*, Kalevi Sorsa -säätiö.

Terviö, M., (2009), "Superstars and Mediocrities: Market Failure in The Discovery of Talent", *Review of Economic Studies* 72, 829-850.

Tirole, J., (2001), "Corporate governance, *Econometrica*, 69, 1–35.

Waltari, M., (1945), *Sinuhe eqyptiläinen*, WSOY.

Wikipedia: Ricardo Semler.

von Hertzen, G., (2007), *Demokratian haaste*. Gummerus.

Young, H.Peyton, "Social norms and economic welfare", *European Economic Review* 42, 1998, 821–830.